大地風水遊踪

繼大師著

《大地風水遊踪》

繼大師著

目錄

自序一……四
自序二……六
（一）吳景鸞國師與北宋的國運……八
（二）玉女拜堂的神異……二十九
（三）玉女拜堂穴及烏肩脊穴 ── 行龍變化之秘密……四十三
（四）鄧氏祖墳的傳奇……五十七
（五）屏山鄧公祠及愈喬二公祠……六十三
（六）荷葉伏龜穴與凌雲寺的風水傳奇……七十一
（七）聚星樓及屏山的風水傳奇……八十一

（八）雄雁拍翼……八十九
（九）明太祖祖父墳墓的傳奇……九十五
（十）神宗定陵的神異——明十三陵……一〇一
（十一）方孝孺被明成祖滅族背後的風水因果……一〇四
（十二）江西三僚村風水傳奇……一〇七
（十三）三僚村遊後感……一六六
後記……一六九

自序一

繼大師

中國歷代風水明師輩出，能利用風水力量，大則可輔助帝皇，使國家興盛，利益人民；小則可使一族興盛，丁財兩旺。宋吳景鑾國師輔助【北宋】仁宗皇帝，使國運亨通。香港元朗屏山鄧氏四世祖鄧符協風水明師將祖先葬在風水大地上。

他所點之「玉女拜堂穴」，蔭生後代八世祖鄧自明娶了【南宋】宋高宗皇帝的女兒為妻，為宋孝宗之姐姐，亦是宋光宗之姑媽，顯赫一時，後代繁衍，直至今天，經歷了八百多年，元朗屏山鄧族，人才輩出，後代多出顯貴。

又天下風水明師，大部份出自江西贛州市興國縣梅窖鎮三僚村，因南唐國師紫光金祿大夫楊筠松風水祖師，與其徒弟曾文辿及廖瑀，在三僚村傳授風水學問之故，以致三僚村自唐代以後，先後出了廿七位堪輿國師，明師七十二位。明代三僚村風水地師更為皇帝所御用，尤以永樂皇帝為甚，先後有數十人奉詔任職於欽天監衙門，主理皇家風水事務。

明太祖朱元璋祖父朱初一葬於距離盱眙縣西北方廿多公里，近洪澤湖，是淮河由西向東行之盡結大地，為「明祖陵」，葬後半年，其子朱世珍妻子懷孕而生朱元璋。

得風水大地，能改寫歷史，但明師難求，須具福德，本書寫出北宋風水國師吳景鑾與宋仁宗及北宋末年的事蹟，及新界元朗屏山鄧氏望族祖先與北宋末年宋高宗女兒的因緣。另外還有鄧氏祖墳荷葉伏龜及凌雲寺的因緣始末，以及屏山鄧公祠、聚星樓、雄雁拍翼，更有江西三僚村遊記。

書中圖文並茂，圖片珍貴，其中有明師點葬穴地，非常詳盡，祝願各位有所得着！

繼大師寫於香港明性洞天

壬寅仲秋吉日

自序二

繼大師

自從千禧年七月由丹青出版社出版了**《大地風水傳奇》**一書至今(2022 年)，已經歷了廿二個年頭，所堪察的風水穴地，無論陰宅或陽居，均不斷增加，個中不乏有涉及傳奇或異聞的，筆者把它記錄下來及分析其龍穴地勢，與各讀者一同分享。

本書內有多篇文章述及香港新界鄧氏宗祠及祖墳的描述，其中有可歌可泣的故事，故事中有風水學理，內容嚴緊寫實，有人工文筆塔的風水証驗，讀者們可以依照書中所提示的地方，親自去尋訪考察，尤其是香港元朗屏山文物徑，值得一去。

筆者繼大師數次在考察屏山其間，曾逢外國自由行遊客到訪，有日本人、法國人及歐洲人等，問他們如何知道此地，他們說是外國旅遊書籍介紹的，因為有八百多年的歷史，所以他們特地來觀看，尤其是明代建造的屏山古塔 —— 聚星樓，這正因爲得到風水助力關係，得使鄧氏族人興盛，人材輩出，把歷史也改寫。

昔日恩師　呂克明先生于一九八九年十月，帶領第三屆弟子與筆者繼大師同往江西梅窑鎮三僚村考察楊公仙跡，並以「風水遊踪團」命名，為紀念恩師昔日的教導，本書取名為：

《大地風水遊踪》

書中文章加上相片，內容豐富，圖文並茂。遊踪內有風水學理及其尅應，當中包括因祖先積德行善，得到風水大地，福蔭後人，產生了族群中興旺的歷史鐵証，雖被視為民間傳説，但空穴來風，未必無因，風水既流傳廣泛，且影響深遠，對社會實有所裨益，它是世界上唯一中國僅存的非物質文化遺產，期望真正的中華風水文化能延續下去。僅此為序。

寫一偈曰：

大地遊踪
傳奇不同
風水寶地
理在其中

繼大師寫於香港明性洞天
丙申年孟冬吉日
壬寅年孟秋重修

（一）吳景鸞國師與北宋的國運

繼大師

吳景鸞（？至一〇六四）字仲祥，【宋】江西德興人，家學淵源，父吳克誠得陳摶（摶音團，字圖南，即陳希夷。）之風水卦理真傳，授與青囊書，（陳摶得術於曾文辿，文辿得之楊筠松。）陳希夷對吳克誠說：「你兒子是仙才，能繼承你的風水學術。」

於是以青囊經等風水書盡授之，吳克誠亦精於卜筮，可預知未來，可惜他英年早逝，秘本交由吳景鸞祖母張氏收藏，待景鸞長大成人後再傳給他。（見《珍藏古本堪輿秘笈奇書》集文出版社出版〈陰陽天機書表〉第 1262 頁。）吳景鸞聰慧過人，讀此秘本後，精誠研究，使用後有所應驗。

【宋】慶曆 1041 年，宋仁宗趙禎出皇榜詔選精通陰陽術數之人，江西德興郡縣之鄉民推舉吳景鸞應詔，後被取錄，授以司天監一職。宋仁宗趙禎在位 41 年，享年 54 歲（1010 年至 1063 年）為宋朝在位時間最長的皇帝。仁宗相信用風水陰陽術數，可以幫助他建立有效的強權管治，故出皇榜詔選人才，輔助其江山，這有賴於吳景鸞國師的大力相助。吳景鸞於宋仁宗慶曆元年辛巳年入宮（公元 1041 年）同屬北宋康定二年，帝委任吳氏任司天監之職。

（繼大師註：慶曆（1041 年至 1048 年）是宋仁宗趙禎的第六個年號，北宋仁宗使用該年號共八年。）

在〈吳景鸞陰陽天機書表〉所說，因坊間地理書多有偽本，仁宗命吳景鸞及翰苑儒臣，董督司天官屬，將五行術數書籍重新編訂，名《地理新書》，頒行於世。仁宗又向吳景鸞詢問陰陽術數之理，於是吳氏授帝《天機書》及《理氣心印》。

《天機書》所論五行有六種：筆者繼大師錄之如下：

（一）正五行取遁龍運
（二）洪範五行取遁山運
（三）八卦五行取遁向局
（四）玄空五行取遁水運
（五）雙山五行取論三合
（六）渾天五行取合卦例

（見胡暉先生著《選擇求真》〈卷一〉第 14 至第 15 頁，玄學出版社印行。）

據【明】王文祿先生撰寫的《龍興慈記》，在《地理人子須知》〈卷一下〉〈龍法〉〈論北條幹龍脈絡〉有提及關於吳景鸞點了出皇帝之大地，（見乾坤出版社第 33 至 34 頁。）吳國師曾點出一穴出皇帝的大地，獻給【北宋】宋仁宗，留作他日後百年歸老之葬地，但不被宋仁宗接納，結果宋室皇朝無福消受。

至元末，有道士師徒二人給朱元璋父親朱世珍點取這處之龍穴大地，造葬朱元璋祖父朱初一先生，葬後約半年，朱世珍妻子懷孕生朱元璋，後參加起義抗元，終於統一國家，為明朝開國皇帝。

吳景鸞因上書《辨牛頭山陵表》，謂牛頭山皇陵風水不佳，諫宋仁宗不可將太后葬於牛頭山，會危及皇室及國家的國運，後皇帝不信，結果吳國師被關入天牢。其後北宋徽、欽二宗被擄，果如他所言。在獄中，他又向仁宗皇帝進諫，但不獲通報，一〇六三年三月宋仁宗駕崩，大赦天下囚犯，吳氏因而被釋放。

宋仁宗趙禎之父親為北宋第三位皇帝宋真宗趙恒，（968 年至 1022 年）在位 25 年，早年生了五個兒子均早亡，趙禎成為太子。趙禎十二歲時，真宗去世，趙禎繼位為宋仁宗（1022 年），由太后劉娥主政十一年才去世，當時趙禎廿三歲，重新主政，這時他才知道他的生母並非劉娥，而是李宸妃。

當年公元 1022 年，大臣「徐仁旺」欲用牛頭山前之地，「晉公定」用山後之地，兩人為宋真宗趙恒之葬地而爭論。至明道二年（1033 年）三月，太后劉娥逝世，與生母李宸妃（1032 年逝世）同葬於永定陵，永定陵就是牛頭山，今河南省鞏義市東南蔡家莊。

公元 1041 年吳氏任司天監一職，《辨牛頭山陵表》中所說的那位「邢中和」倡議太后葬在牛頭山，但表文中並沒有說明在那個年份及是那位太后。但封為皇太后的，就只有兩位，就是：章獻明肅皇后劉氏（1033 年逝世）及章惠皇后楊氏（1036 年逝世）。那時吳氏還未任命司天監之職。

宋真宗趙恒之皇后及妃嬪有下列人等：

章懷皇后：北宋宋真宗趙恒第一任皇后，（968 年至 989 年）潘氏，後被廢為淨妃出家，法名清悟。

章穆皇后：郭氏（975 年至 1007 年）趙恒第二任妻子，魯國夫人－秦國夫人－皇后。

章獻明肅皇后：劉娥（968 年至 1033 年）趙恒第三任皇后，美人－修儀－德妃－皇后－皇太后。

章懿皇后：李玉（987 年至 1032 年）（追封），侍女－崇陽縣君－才人－婉儀－順容－宸妃，為宋仁宗趙恒之生母。

章惠皇后（追封）：楊連城（984 年至 1036 年）側室－才人－婕妤－婉儀－淑妃－皇太妃－皇太后－保慶皇太后。

昭靜貴妃（追封）沈清揚（994 年至 1076 年）：趙恆妃嬪，才人－美人－婕妤－充媛－德妃。貴妃（追封）杜瓊真（？至 1046 年）：趙恆妃嬪，婕妤－充媛－充容－婕儀－賢妃，後出家，法號悟真大師。

宋真宗趙恆、章獻明肅皇后劉氏、章惠皇后楊氏、章懿皇后李氏合葬陵墓，章懷皇后潘氏附葬陵墓，章穆皇后郭氏陪葬陵墓。他們各人均葬在位於河南省鞏義市蔡莊以北一公里處的「永定陵」即牛頭山。餘下就是「昭靜貴妃（追封）沈清揚及貴妃（追封）杜瓊真」，吳景鸞所呈的〈牛頭山皇陵表〉不知是指那位太后，太后應該是指宋仁宗趙禎的母親。

太后劉娥與宋仁宗趙禎生母李宸妃（李順容）之一段因緣，筆者繼大師述之如下：

李宸妃（趙禎生母）父親過世，繼母攜子改嫁，她在一寺中，削髮為尼，宋真宗趙恆的皇后劉娥（969 年至 1033 年）一次在寺中拜佛，發現尼姑李氏美貌出眾，便下令她還俗，並徵召李氏入宮作為自己的侍女。宋真宗寵愛劉娥，想立為太后，無奈劉氏家世不顯赫，又無子嗣。時李氏夢見仙人降生為自己的兒子，宋真宗與劉氏大喜，想出借腹生子的辦法，未幾李氏果然懷孕，這就是著名粵劇裏「狸貓換太子」的劇情。

一次李氏隨宋真宗登臨觀賞台，李氏鬢上玉釵不慎墜下，真宗心中暗暗祈禱，如果玉釵完好無損，必為男孩；侍從拾起玉釵，果然完整無損，真宗甚喜。大中祥符三年（1010年）四月十四日，李氏生下皇子，真宗對外聲稱是劉氏所生，取名趙受益（即後來的宋仁宗趙禎），封劉氏為德妃，李氏封為崇陽縣君。

大中祥符五年（1012年）十二月，劉德妃被宋真宗立為皇后。大中祥符九年（1016年），李氏再生下女兒，晉封為才人，但不幸夭折。後進封婉儀。天禧二年（1018年）晉封李氏為順容。

李氏親生兒子宋仁宗即位，皇后劉氏被尊為皇太后，劉太后將李順容遷往真宗永定陵守陵，命劉美、張懷德訪其親屬，其弟李用和，給予官職。仁宗雖為其子，然而真宗將之納入劉氏名下，並與楊淑妃一同視養。李氏毫無怨言，終其一生，未以天子之母而自傲。明道元年（1032年），李順容病重，劉太后晉封李氏為宸妃，差遣太醫探望；冊封當日李宸妃逝世，享年四十六歲。

宋仁宗趙禎後知道李宸妃才是他生母，並非太后劉娥，不知是否影響宋仁宗在選擇牛頭山皇陵時，雖然風水不佳，仍堅持造葬，或許這是皇帝的個人原因多於風水原因吧！直至宋仁宗趙禎於 1063 年逝世，大赦天下囚犯，釋放後的吳景鸞國師裝瘋癲，髡髮修真於天門西岸白雲山洞，往來江浙之饒州及信州，數處地方在同一日皆有其蹤跡。治平初年（一〇六四年）宋英宗趙曙登位，他端坐而逝。著有《玄空秘旨》、《理氣心印》、《吳公解義》、《夾竹梅花》等書。

以筆者繼大師的經驗，一位得真道的風水明師，一定會將其父親或祖先葬於自己點得之風水大地吉穴上。不排除吳景鸞在得傳風水真道之後，把父親吳克誠及其祖母張氏葬得風水吉穴，以致日後成為宋朝國師。

可惜的是，作為一位風水國師，不單只能懂得風水，應當明白一個皇帝及國家的時運，當國運沒落之時，應該以退為進，不應進諫失運之皇帝，更應瞭解一國之君的內心心意，這亦關係到國家人民的福份問題，應當辭去職務，歸隱山林，等待另一個時機來臨。但是吳景鸞國師對國家非常忠誠，精忠報國，不以自己及家人的生死為念，力挽狂瀾，極力阻止太后葬於牛頭山，可惜事與願違，因而招致牢獄之災。

北宋由公元 960 竿至 1127 年，一共 167 年，傳了九個皇帝，分別是：

北宋第一位開國皇帝：宋太祖 — 趙匡胤 — 公元 927 年至 976 年 ，建立北宋。在位接近十七年（960 年至 976 年）虛齡五十歲，分別有三個年號。為：

建隆：960 年至 963 年。

乾德：963 年至 968 年。

開寶：968 年至 977 年。

北宋第二位皇帝：宋太宗 — 趙炅（公元 939 年至 997 年）趙匡胤的胞弟，在位 21 年，享年 58 歲，分別有五個年號。為：

太平興國：976 年至 984 年。

雍熙：984 年至今 987 年。

端拱：988 年至 989 年。

淳化：990 年至 994 年。

至道：995 年至 997 年。

北宋第三位皇帝：宋真宗 — 趙恒，（968 年至 1022 年）在位 25 年，享年 55 歲，分別有五個年號為：

咸平：998 年至 1004 年。

景德：1004 年至 1008 年。

大中祥符：1008 年至 1017 年。

天禧：1017 年至 1022 年。

乾興：1022 年至 1023 年。

1022 年宋真宗駕崩，劉娥（章獻皇后）攝政，她出生於益州華陽（今四川成都），前後掌權共十一年，明道二年（1033 年）三月，劉娥崩逝，謚號「章獻明肅」皇后。劉娥一生喜用帝王服飾，仿效武則天當女皇帝，明道二年（1033 年）二月，劉娥正式還政於仁宗，三月劉娥逝世，享年六十五歲。廿三歲之宋仁宗趙禎始正式登上皇位，重新掌權。同年九月，仁宗下詔，劉娥和李妃（仁宗生母）遷葬永定陵，但不知是何年。

劉娥曾有遺詔，命仁宗尊養母楊太妃為皇太后。仁宗遵其旨意，尊封楊氏為保慶皇太后，楊氏後雖未垂簾聽政，仁宗卻克盡孝道奉養。三年後（1036 年），楊太后去世，享年五十六歲，謚為莊惠皇后（後改章惠皇后），同葬於永定陵（即牛頭山）。

北宋第四位皇帝：宋仁宗 —— 趙禎，（1010 年至 1063 年）享年 54 歲，在位 41 年，為宋朝在位時間最長的皇帝，任吳景鸞為國師，葬於河南省鞏義市之永昭陵（即牛頭山範圍），分別有九個年號為：

天聖：1024 年至 1032 年。
明道：1032 年至 1034 年。
景祐：1034 年至 1038 年。
寶元：1038 年至 1040 年。
康定：1040 年至 1041 年。
慶曆：1041 年至 1049 年。
皇祐：1049 年至 1054 年。
至和：1054 年至 1056 年。
嘉祐：1056 年至 1064 年。

吳景鸞國師吳點出一皇帝大地，獻給宋仁宗趙禎作日後百年歸老之用，但不被仁宗接納，沒有資料顯示是何年。當年在公元 1022 年，大臣徐仁旺欲用牛頭山前之地，晉公定用山後之地，兩人爭論不休。

當時吳氏還未入職司天監，但是吳景鸞國師上書《辨牛頭山陵表》，諫牛頭山皇陵（永定陵）風水不佳，不可葬宋真宗趙恒皇帝及太后在此地，會危及皇室乃至國運，這應該在 1041 年之後所發生的事情。

宋人何遠著**《春渚紀聞》**中，記載北宋宋真宗皇陵選址爭論，時在乾興元年，公元 1022 年二月至十月。在**《定陵兆應》**（定陵爲宋真宗的陵墓）云：

「信州白雲山人徐仁旺嘗表奏。與丁晉公議遷定陵事。仁旺欲用牛頭山前地。晉公定用山後地。爭之不可。仁旺乞禁繫大理。以俟三歲之驗。卒不能回。仁旺表有言。山後之害。雲坤水長流。災在丙午年年內。丁風直射。禍當丁未。年終莫不州州火起。郡郡盜興。聞之者。初未以為然。至後金人犯闕。果在丙午。而丁未以後。諸郡焚如之禍。相仍不絕。幅圓之內。半為盜區。其言無不驗者。」

吳景鸞國師上書**《辨牛頭山陵表》**與**《定陵兆應》**內有類似的相同句語，如：**「坤風直射。厄當國母。離宮未水傾流。禍應至尊下殿。巳方殺見。牛地劫衝。乙巳之年**（平治三年 1065 年）。**隨方兵起。丙午之歲**（平治四年 1066 年）。**逐處禍生。……**」這與白雲山人徐仁旺所呈之表文奏摺相若。

北宋第五位皇帝：宋英宗——趙曙，（1032 年至 1067 年）享年 35 歲，在位 4 年，由 1064 年至 1068 年，年號為「治平」，葬於河南鞏義永厚陵，在永昭陵的西側，今河南鞏義孝義堡（即牛頭山一帶範圍）。

北宋第六位皇帝：宋神宗——趙頊，（1032 年至 1067 年）享年 35 歲，葬於永裕陵，在位 4 年（1063 年至 1067 年）分別有兩個年號。為：

熙寧：1068 年至 1078 年。

元豐：1067 年至 1086 年。

北宋第七位皇帝：宋哲宗——趙煦，（1077 年至 1100 年）在位 15 年，享年 23 歲，分別有三個年號。為：

元祐：1086 年至 1094 年。

紹聖：1094 年至 1098 年

元符：1098 年至 1100 年。

北宋第八位皇帝：宋徽宗 — 宋徽宗趙佶，（1082 年至 1135 年）亨年 53 歲，在位 26 年（1100 年至 1126 年）分別有六個年號。為：

建中靖國：1101 年

崇寧：1102 年至 1106 年

大觀：1107 年至 1111 年

政和：1111 年至 1118 年

重和：1118 年至 1119 年

宣和：1119 年至 1126 年

北宋第九位皇帝：宋欽宗 — 趙桓，宋徽宗長子，亨年 56 歲（1100 年至 1156 年）在位僅一年（1126 年至 1127 年）。

宋徽宗為宋神宗十一子，亦是宋欽宗之父，欽宗子承父業後僅僅一年多，即和宋徽宗一起被金兵俘虜，父子兩人均在大金渡過殘餘歲月，是歷史上命運最悲慘的皇帝之一。雖然並非全部都歸咎於太后葬於牛頭山的凶地上，但將所有皇族等人，全葬於此地，相信會有一定的影響。

由 1022 年葬北宋第三位皇帝宋真宗皇陵於牛頭山開始，至 1125 年，大部份皇陵都葬於此地。相隔約 103 年，至第八位及第九位皇帝 ── 宋徽宗及宋欽宗被金人俘虜，包括北宋皇族百餘人，時為 1125 年至 1127 年。

靖康二年丁未年（公元 1127 年）北宋滅亡，趙構於應天府稱帝，為宋高宗（1107 年至 1187 年）是宋欽宗之弟，他逃到南方，建立南宋皇朝。1129 年在建康府（今南京）定都，于 1131 年遷至臨安府（今杭州市）。

（繼大師註：北宋有四京，應天府或稱南京應天府，河南郡，轄區在今河南省商丘市，北宋四京之一。另外三京爲首都東京開封府、西京河南府、北京大名府。靖康之難後，宋高宗於靖康二年，公元 1127 年，在商丘卽位，隨卽南逃至揚州。）

當宋徽宗及宋欽宗被擄走後，北宋皇朝大亂，宋高宗逃向杭州，部份各皇室人員、后妃、官員向南方逃亡。當時宋高宗趙構的十五歲女兒亦在其中，以普通人的裝扮掩飾身份，逃到江西虔州一帶，途中遇到土匪搶劫，各自逃命而失散。

當時香港元朗屏山鄧族祖先，玉女拜堂穴葬者鄧漢黻（黻音忽）之後代七世孫——鄧元亮先生（鄧銑），任江西贛州縣令一職，除接濟北方逃來的難民外，亦收留了一批北方官員所失散的子女，其中一位正是宋高宗的女兒，她為了掩飾自己身份，只說是趙姓官員的女兒，趙女聰明伶利、乖巧，得眾人所喜愛。（鄧族後人稱之爲「趙姬」。）

鄧元亮有兒子鄧自明（字惟汲——鄧氏八世祖）與趙女相處之下，日久生情，數年後下嫁鄧自明。相應了鄧族開山祖先鄧漢黻所葬的〈玉女拜堂穴〉。在南宋宋孝宗（趙姬之弟）乾道己丑年（1169年），鄧自明卒。

到了宋光宗時侯，（宋光宗爲趙姬之姪兒）趙姬已老，時命長子持她的親筆信及信物向宋光宗訴說其遭遇，後追封鄧自明為郡馬。這剋應了玉女拜堂穴之玉女朝峰，即大帽山下之觀音山，玉女即是趙姬。

宋高宗趙構（1107 年至 1187 年）是宋欽宗之弟，為北宋最末之第十位皇帝，亦是南宋第一位皇帝。宋高宗女兒趙姬之弟弟就是宋孝宗，為南宋第二位皇帝，在位時間為 1162 年至 1189 年。

宋光宗之姑媽就是趙姬，光宗在位時間為 1189 年至 1194 年，趙姬死後葬於廣東東莞石井 — 獅子滾球穴，並稱之為「皇姑墳」。

（見《屏山鄧族千年史探索》鄧聖時編纂，一九九九年十二月出版，第卅七至卅九頁。）

筆者繼大師認為，自南宋開始之後，就沒有一位像吳景鸞那樣出色的風水師貴為國師，沒有高人輔助其江山風水，自然國運欠佳，加上北方金人崛起，多次南下侵略，繼而宋室南逃，成就了南宋皇朝（1127 年至 1279 年），整個宋朝沒有滅亡，多了一百五十二年的統治，為兩個半大元運（以六十年為一個大元運），也算是非常幸運了。

筆者繼大師現將吳景鸞國師所呈獻於仁宗皇帝的**《辨牛頭山陵表》**原文恭錄如下：（見《珍藏古本堪輿祕笈奇書》集文出版社出版，第 1257 頁。）

臣聞主聖則臣良。父慈則子孝。臣之于君。子之于父。倘有未善。敢不盡言。

臣幼承父師之訓。長閱聖賢之書。粗識天經。頗諳地理。謬蒙聖眷。俾忝國師。凡有忠謀。詎容隱默。

臣伏見邢中和者。未辨地理。妄指山龍。虛誕恐壞于皇圖。訛偽或危于國祚。青烏之書不聞。倒辨山崗。郭璞之經安見。順遷地理。

臣切說牛頭山。

臣切說牛頭山獻納圖形。龍脈偏枯。山崗撩亂。山不高于旺相。水不敗於鬼鄉。白虎崢嶸。青龍低陷。箭風劍水。暗射交衝。三劫賊山。照臨凶位。八煞惡水。流入刑方。

玉堂缺陷。寶殿空虛。坤風直射。厄當國母。離宮未水傾流。禍應至尊下殿。巳方殺見。牛地劫衝。乙巳之年（平治三年 1065 年）。隨方兵起。丙午之歲（平治四年 1066 年）。逐處禍生。劍刃長凝于赤血。人民盡染于瘟瘟。戶口逃亡。軍兵反叛。

陛下（宋仁宗 － 趙禎）若興此地，財輸北闕，位失南朝，伏乞睿智，廢牛頭山之山陵，興中幹之勝地，則禍消災滅，凶變危除，社稷永安，皇圖鞏固。

臣妻孥俱在，弟侄皆存，幸際昌時，叨逢聖主，痛思先帝（宋真宗－趙恆）**大行土皇，殊恩汪渥，敢不啟竭愚衷，俯陳鄙見。**

陛下（宋仁宗－趙禎）**不納臣言，乞將臣與邢中和，同拘囚禁，以俟應驗，然後知臣非敢詐偽，以干恩寵。臣不避斧鉞，冒犯天威，昧罪奏聞。**

《辨牛頭山陵表》繼大師意譯如下：

臣（吳氏）聽聞有聖德賢良之皇帝則臣子忠誠，父親慈祥則子女孝順。有君始有臣，有父母始有子女，若有未能盡善盡美之處，不能不得發聲。臣自幼承父母老師之教導，長讀聖賢之書，粗略認識天文地理，蒙主上寵照眷顧，貴爲國師，凡有忠言謀略。怎可能默不發聲呢！

臣暗自發現邢中和（邢中和為官職）未能分辨風水地理之好壞，妄指山龍。虛假而荒誕不經，恐怕敗壞皇族，訛僞或危及國家福祉，不讀青烏之書（《青烏經》為風水經典之書），倒轉風水吉凶，不能辨別山崗之穴地，又怎能得見郭璞所著之經而能順利遷葬於吉祥風水之地呢！

臣切實說明牛頭山地勢之吉凶，及獻納宅的地理圖形於主上。這裏龍脈偏枯，山崗撩亂，山不高于旺相，水不敗於鬼鄉。白虎方之山崢嶸，青龍方之山低陷，又有箭風劍水，暗射交衝，三劫賊山，照臨凶位，八煞惡水，流入刑方。

明堂缺陷，穴位後方空虛，坤方（西南方）有風直射，厄運當發生在皇后處。離宮未水（西南方）傾流，禍應及至尊殿下。巳方（東南方）見殺，牛地（丑方－北方）有劫衝。乙巳之年（平治二年 1065 年），會有兵變，丙午之歲（平治四年 1066 年）逐處禍生，戰爭流血，人民盡染於瘟疫，家家戶戶逃亡去，軍兵反叛。

陛下（宋仁宗－趙禎）若將太后葬於此地，國家財富將輸於北方國家，皇帝之位將會失去。伏乞明智決定，廢牛頭山之山陵，將太后葬於中幹之勝地，則禍消災滅，凶變危除，國家社稷永遠安樂，皇位穩固。

臣之妻兒子女俱在，兄弟及侄兒皆存，幸運地適逢盛世昌隆之時，得遇聖主（宋仁宗－趙禎），痛思先帝（宋真宗－趙恒）稱霸一方，治理國家，大大地得沾了皇上聖恩，怎敢不對主上竭力衷誠呢！現俯身陳述鄙人之意見。

陛下（宋仁宗－趙禎）若不接納臣子之言，懇請將臣子與邢中和一同拘留囚禁，以待將來太后葬於牛頭山穴地後之應驗，然後知臣並非敢於虛詐作僞，以此干犯皇上的恩賜及寵愛。臣不會避開邢責及斧鉞，冒犯天威，冒昧帶罪啟奏。〈表文完〉

在北宋皇朝中，有皇帝與士大夫共同治理天下之風氣，士大夫階層在政治上有很大發言權，經常對皇帝做出一些大逆不道的行為；如寇準拉扯宋太宗的衣服，不讓他走，包拯進諫皇帝時，將吐沫噴到宋仁宗臉上，又北宋其中一位皇帝被大臣氣得哭了。不知是否與宋朝各帝皇太后等人葬在牛頭山之皇陵穴地有關，以致宋朝衰落，無論如何，皇陵的風水，多少都會左右着皇族未來的命運。

【清】雍正**《江西通志》〈卷一〉**之**〈六〉**，內有吳景鸞生平事蹟。茲錄如下：

「景鸞字仲翔。德興（今江西德興）**人。其父克誠。從華山陳摶習天文地理陰陽之術。摶謂克誠日：「汝子仙才。能紹業。」盡以青囊書授克誠。景鸞聰慧過人。得其書。精究有驗。慶曆中詔選精陰陽者。郡縣舉景鸞。入對稱旨。授司天監。**

後以《論牛頭山山陵》不利於至尊。帝不悅。遂下獄。尋以帝崩遇赦。又進言數事不報。遂佯狂。髡髮修真於天門西岸白雲山洞。往來饒、信二州。數處同日皆有其跡。治平初年（一〇六四年，宋英宗趙曙年號）**端坐而逝。」**

無論如何，懂得陰陽五行術數的風水國師，若然真是明師，必定可以扶助帝皇，使能長久地統治國家。但皇帝必須是賢明的君主，相信及重用精於風水的國師，為人民謀幸福，努力為國民付出貢獻，而致國運興隆。吳景鸞國師雖精通陰陽五行風水，但因宋仁宗壽元將盡，命該如此，國運亦如此，非常無奈，半點不由人，哀哉！哀哉！

繼大師註：吳景鸞出生於江西德興市，宅位於中國江西省東北部，是上饒市代管的一個縣級市，東接浙江省開化縣，東南與玉山縣、上饒縣毗鄰，南和橫峯縣、弋陽縣相接，西接樂平市，北連婺源縣。德興富銅等礦產資源，被稱爲中國的「銅都」。

《本篇完》

（二）玉女拜堂的神異

繼大師

於公元973年（宋、開寶六年）鄧漢黻先生由江西 — 吉水縣白沙里移居元朗錦田定居，為鄧氏在此地開族之第一世祖，後來其曾孫鄧符協先生尋龍點穴，把他葬於元朗丫髻山的「玉女拜堂穴」，傳說四世祖鄧符協先生是一位得風水真訣的明師，他見穴前方最遠的朝山，形勢如一少女，向穴位朝拜，當造葬完畢時，並預言未來將會有帝皇女兒下嫁鄧門後人，並向其祖先跪拜。

玉女拜堂穴為廿四山方之「乙」向，前朝的玉女峰，為現時之觀音山，位於大帽山下，玉女峰下有一陽居結地，正是凌雲寺，亦曾經是鄧氏後人的陽居，寺廟正正後靠此玉女峰，寺向廿四山之「辛」方，與穴的向度相對，剛好是相反方向。

鄧符協先生除將曾祖父造葬於「玉女拜堂穴」之外，把祖父母葬於「金鐘覆火穴」，把父母親葬於「半月照潭穴」，後代子孫繁衍，散佈江西、廣東一帶，到北宋末代，公元1125至1127年發生靖康之難，中國東北方滿清的祖先女真族入侵，攻陷北宋首都汴京（今河南開封），擄走宋徽宗、宋欽宗及百多名宮女、皇族成員，宋皇朝大亂，宋高宗及其餘各皇室人員、后妃、官員都向南方逃亡。

繼大師註：「1129 年在建康府（今南京）定都，于 1131 年遷至臨安府（今杭州市）。」

宋高宗又命一些大臣及宮中人等護送太后「隆佑」及潘妃南逃，同行中有大臣和家眷及高宗的女兒，據說當時她是十五歲，且換上一般人的裝扮，以掩飾身份，逃到江西吉水縣一帶，有些人等因意外跌落水而溺斃，有些驚慌失措而失散了，剩餘一些官員大臣、宮婢人等，抬著橋子護送太后，至江西虔州時，遇到土匪搶劫，各自逃命而失散了。

當時，鄧漢黻（黻音忽 ─ **玉女拜堂穴之葬者**）後代七世孫 ─ 鄧元亮先生（鄧銑），在江西當贛州縣令一職，除接濟北方逃來的難民外，亦收留了一批北方官員的失散子女，其中一位正是宋高宗的女兒，為了掩飾自己身份，她只說是趙姓官員的女兒，而趙女聰明伶利，品行良好，得眾人所喜歡。

由於鄧元亮的兒子鄧自明（字惟汲 ── 鄧氏八世祖）與趙女相處之下，日久生情，數年後，由親友作媒，撮合趙女下嫁鄧自明。

繼大師註：「在碑文之記載中，鄧銑衛國有功，宋高宗配以女兒給他兒子鄧自明爲妻。筆者認爲此說法是給回康王宋高宗的面子。」

不久鄧元亮縣令退休南下，告老歸田，一干人等，回到岑田（香港元朗錦田）生活，後鄧自明與皇姑再遷徙到東莞莫家洞定居，並生下四子一女，直至宋光宗即位（皇姬趙女之姪）大約在紹熙年間（公元1190年），鄧自明已卒，葬于岑田佛凹山，酉山卯向，（今元朗錦田近博愛醫院的東邊山丘）的「狐狸過水穴」。

這時候，宋代比較太平，趙姬約于1192年，她寫了一封親筆信，命長子鄧林，連同信物上朝，啟奏其遭遇，宋光宗立刻命人迎請皇姑入宮中，因宋高宗生趙姬時已刪封其為郡主，但因戰亂，未及進封為公主，因此追封鄧自明為郡馬。

趙姬入朝拜見皇侄之後，表明自己已過慣平民生活，不想生活在皇宮裏，光宗賜田十頃以為她的終身俸祿，另賜土地、財帛等，趙姬留下田地，其餘全給東莞邑人，故邑人百姓自葬祖墳，不需交山稅，衆人歌頌其功德。

據郡馬鄧自明先生葬于「狐狸過水穴」碑文所記載：

「姬宋康王女遭亂播遷。鄧銑（鄧自明父親）**勤王有功。以配其子。時宋亂未平。與姬隱於錦田莊舍。至紹熙年間。公已歿。皇姬命長子林**（鄧林）**持手書上光宗。封祖為稅院郡馬。賜祭田十頃。莞之山場餉渡。並賜焉後。皇姑不稱公主。蓋光宗所命而言也。令葬於錦田村面前佛凹嶺。卯甲向。狐狸過水之形。皇姑趙氏葬于東莞石井獅子滾球。坤申向。生四子。林杞槐梓。」**

皇姑死後，葬於東莞——石井——獅子嶺的獅子滾球穴，於一九八八年六月廿六日重修時，曾經出任過香港元朗錦田水尾村的村長鄧炳財先生，邀請恩師 呂克明先生及筆者繼大師與同門一干人等一同去參拜，並堪察一番，及堪察皇姑家翁，他則葬於東莞一軍營附近的山丘上，皇姑家翁追封為**「宋七世祖君稅院郡馬封君敕授承直郎」**。

皇姑墳為申山寅向兼坤艮（繼大師註：山火賁䷕二三爻向），棺木用水泥封面，全部露出，平放於地面上，與四世祖鄧符協祖師的「仙人大座穴」吐葬形式差不多。

皇姑墳的碑文如下：

祖妣皇姑趙氏迺高宗皇帝之女　光宗皇帝之姑　稅院郡馬惟汲公之配嘉德懿行詳載邑志原鄉錦田後遷莞莫家洞生四子三女　郡馬公先卒別葬鄉前佛凹山卯向之原祖妣後薨奉　旨諭葬石井獅子嶺坤申向之原茲合族卜吉重修泐石以誌不諟

宋皇姑八世祖妣趙氏之墓

以上故事，因年代久遠，歷史上與鄧氏族譜所載，在年份上是有些含糊，但在風水效應上是非常清析的。據東莞城《鄧都慶堂五大房（元禎、元禧、元亮、元英、元和）同派宗祠重修碑記》銘刻，謂鄧族始祖漢黻公仕宋初為承務郎，于開寶六年（公元 973 年）宦遊至粵，卜居於莞之九都圭角山下。

據鄧漢黻先生所葬之玉女拜堂穴碑文所記：

「漢黻公乃後周常德府尹宣公子。世居江西吉安府吉水縣白沙里。宋初。官至承務郎。開寶六年（公元 973 年）。由南雄珠璣巷宦遊入粵。風俗之純。遂卜居新安岑田（現爲錦田）。**鄉配安人秦氏。同葬丫髻山卯乙向**（繼大師註：風澤中孚䷼二爻向）**之原。遙對觀音山。地形玉女拜堂。生二子。粵冠、粵纓。衍派南粵香江。因以漢黻公為鄧族入粵始祖。……」**

玉女拜堂穴於公元 973 年之後所造葬，直至南宋紹興元年間（公元 1131 年），宋高宗在南京定都，其間政治不穩定，於隆興元年（公元 1163 年）宋孝宗即位，至乾道年間（1165 至 1173 年），發生了宋朝趙姬嫁入鄧門事件。

玉女拜堂造葬時間為小三元之上元二運，（公元 984 至 1004 年之間。）造葬約 180 年後，仍然為小三元之上元二運，（公元 1164 至 1184 年之間。）在造葬後約 180 年左右，剛剛好是一個小三元元運，（上元爲一二三運，中元爲四五六運，下元爲七八九運，廿年一個小元運，九個元運，剛好爲 180 年）便產生了玉女拜堂穴的風水效應。

四世祖鄧符協先生是一位風水明師，巒頭理氣皆精湛，在金鐘福地穴（金鐘覆火穴）二世祖粵冠及詹氏合葬的墓碑上有記載：

「祖承務郎長子宋初握貢元。配安人唐氏。生一子旭（三世祖鄧旭）**。嫡孫符協**（四世祖鄧符協）**登崇寧進士。官陽春。精於堪輿**（風水）**。奉公與安人合葬土名元朗。山術家呼為金鐘福地形。盡山水之盼。……」**

故鄧氏族人的興旺，並非偶然，因陰陽二宅風水的助力，使家族繁衍，人材輩出，皆因鄧氏祖先歷代積有大善大德所致，一切都有因有果，加上歷代子孫護念祖德，極力保護祖先山墳名穴，免受破壞，福份得以延續。

在半月照潭穴碑記內，其中有記載保護祖墳的事蹟，茲節錄如下：

「清宣統間。有異姓人。謀在前面海灘立村場。裔孫以其有礙祖墳而反對。蒙理民府羅鼎力斡旋。始得批銷原案。

迄民初。又有人在山後取泥。裔孫等投案抗爭。復蒙理民府榮與工務司設法制止。而副布政司卓尤為關心。主張祖墳圈出之地。以廉價向政府承買。批明餘地。仍不准別人營葬。馬路外灘。永不給人建築屋宇。即沿海成立商埠時。前面仍作公共市場。庶無高樓煙突之礙。港政府委曲周詳。成全我祖墳。可謂優厚之至矣。……」

雖然子孫極力保護祖墳，但在廿世紀七十年代，因發展衛星城市，半月照潭穴前面已經填海，並建有大量工廠大廈，早年，政府在穴前預留地方空間，穴前還可以見到海水，但直至現在（2016年丙申歲），半月照潭穴再次受到影響，不單只面前大廈臨立，因加潤青山公路荃灣段，剛好在半月照潭穴面前，穴前餘脈被掘去，約六至七米外，便是山丘上的行人路徑，且橫過穴前，路徑約七八米之底下，便是高速公路。

原本政府想取回土地，以便發展荃灣區，想將整個半月照潭穴的山丘鏟平，但鄧裔子孫極力反對，與政府訴訟，結果獲勝，墳墓得以保存，真是萬幸，風水名穴，得以保留，成為學習風水巒頭學問的實例，使香港的風水文化得以延續，並能蔭佑鄧氏族裔，到此，方正式圓滿解決，筆者繼大師祝福他們祖墳，香火萬代。

繼大師註：以上事蹟，根據下列碑文及族譜內的「紀略」而撰寫：玉女拜堂穴碑文、皇姑墳碑文、狐狸過水穴碑文、半月照潭穴碑記及明弘治二年賜進士榜眼及第 ─ 劉存業先生所撰寫的《宋贈稅院郡馬紀略》（載於錦田鄧氏族譜）。

《本篇完》

玉女拜堂之祖山「丫髻山」

來龍丫髻山

半月照潭重修碑記

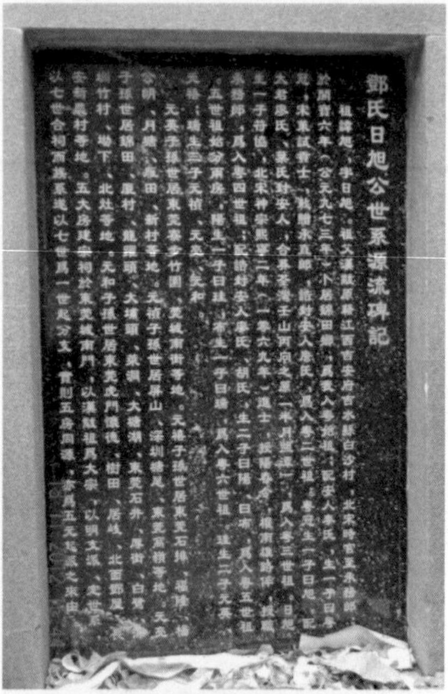

半月照潭世系源流碑記

玉女拜堂前方之華表石柱

玉女拜堂重修碑記

玉女拜堂重修碑文

繼大師錄

鄧公漢黻祖墓重修碑記

漢黻公乃後周常德府尹宣公子。世居江西吉安府吉水縣白沙里。宋初官至承務郎。開寶六年（公元九七三年）由南雄珠璣巷宦遊入粵。樂粵風俗之純。遂卜居新安岑田鄉。配安人秦氏同葬丫髻山。卯乙向之原。（繼大師註：風澤中孚䷼二爻向，水口為雷天大壯䷡四爻。）遙對觀音山。地形玉女拜堂。生二子粵冠、粵纓。衍派南粵香江。因以漢黻公為鄧族入粵始祖。

祖墓凡千年。期間屢有修葺。而仍有不逮。昔日光華漸斂。子孫難安於心。遂於戊子年（二〇〇八）敦聘名師擇日重修工程。耗資逾百萬。歷數月而竣工。祖墓再現巍峨氣派。重修除參照舊觀以復其原貌。惜原有華表。因日久遺失而未克追查。誠一憾事。墓前新闢平台。便利子孫春秋祭祀。慎終追遠。以表孝思。永垂久遠矣。

鄧都慶堂　元英房　元禧房　元禎房　元亮房　元和房　裔孫同立

公元二〇一〇年　歲在庚寅　夏　穀旦　吉立

鄧氏日旭公世系源流碑記

繼大師錄

祖諱旭。字日旭。祖父漢黻。原籍江西吉安府吉水縣白沙村。北宋時官至承務郎。於開寶六年（公元九七三年）卜居錦田鄉。為我入粵始祖。配安人秦氏。生一子曰粵冠。宋策試貢士。敕贈承直郎。誥封安人詹氏。為入粵二世祖。粵冠生一子曰旭。配太君廖氏、葉氏封安人。合葬荃灣壬山丙向之原

（繼大師註：為澤天夬䷪三爻向度，水口為地天泰䷊，來龍為天地否䷋，坐山為山地剝䷖。）

「半月照潭」。為入粵三世祖。日旭生一子符協。北宋神宗熙寧二年（一〇六九年）進士。授陽春令。權南雄路倅。授職承務郎。為入粵四世祖。配誥封安人廖氏、胡氏。生二子曰陽、曰布。為入粵五世祖。五世祖始分兩房。陽生一子曰珪。布生一子曰瑞。為入粵六世祖。珪生二子元英、元禧。瑞生三子元禎、元亮、元和。

元英子孫世居東莞寮步竹園、莞城南街等地。

元禧子孫世居東莞石排、福隆、楊公朗、月塘、雁田、新村等地。

元禎子孫世居屏山、深圳塘尾、東莞窩嶺等地。

元亮子孫世居錦田、廈村、龍躍頭、大埔頭、萊洞、大塘湖、東莞石井、厚街、白鷺、深圳竹村、坳下、北灶等地。

元和子孫世居東莞虎門懷德、樹田、居岐、北面鄧屋、長安新農村等地。

五大房建宗祠於東莞城南門。以漢黻祖為大宗。以明支派、定世系。以七世合祠而族系。遂以七世為一世起分支。實則五房同源。亦為五元起派之來由。

半月照潭重修碑文

繼大師錄

鄧公日旭祖墓重修銘誌

「半月照潭」乃日旭公之子符協點地遷葬其父母骸骨四個風水地之一。以大帽山來龍。峰巒疊出。必有佳城。掘地翻出先哲白玉禪師地讖一首。曰：

「長沙左手接青羅。右攬青衣濯碧波。深夜一潭星斗現。裡頭容得萬船過。有人下得朝陽穴。十三年內即登科。若是世人尋不得。回頭轉問釣魚哥。」

公元二千年。因香港特別行政區政府徵地修路。墓園大門兩條石柱遂遷移至現址。該石柱由東莞竹園人前清名臣鄧蓉鏡哲嗣中國名書法家鄧爾雅題書「園林生喬木。圖畫在雲臺。」以勉勵鄧氏族人。

墓園總面積三十六萬二千六百三十二平方呎。以「鄧氏地界」石柱為界。墓左有平房及涼亭。為一九五三年鄧都慶堂出資興建。墓右之華表柱。于二〇〇二年修路時重新竪立在上址。與左邊之華表柱遙遙對稱。

今報本溯源。慎終追遠。乃於公元二〇〇九年。聘請名師擇吉日。重新修葺。以垂久遠。子孫長發其祥。

鄧都慶堂　元英祖　元禧祖　元禎祖　元亮房祖　元和祖　五大房裔孫同立

公元二〇〇九年歲次己丑仲秋穀旦　重修吉立

（三）玉女拜堂穴及烏肩脊穴 — 行龍變化之秘密

繼大師

南龍大欖屏山越
凹腦行龍土角結
玉女朝堂案外拜
三元不敗千年穴

在平崗龍來說，「玉女拜堂穴」之結作是屬於「第二等難度」，而曾評論過此穴之人多不勝數，筆者繼大師本不欲再論此穴，但自一九八八年至今（二千年）三度臨穴之際，發覺此穴正面臨威脅。由於人口稠密，交通發達便利，城市發展趨向新界郊區，恐怕在未來，這約千年之玉女拜堂穴，會成為開發城市中之犧牲品。

筆者繼大師推測其原因是：

（一）香港可發展之土地不多，元朗之天水圍已發展成為一新市鎮，而此玉女拜堂穴又非常近天水圍，這是人為之因素。

（二）玉女拜堂穴所葬者是鄧氏一世祖，現今是下元七運（1984－2004），丫髻山是其來龍，不論龍、山、向及水，均是失令元運，將是煞運。

（三）穴之元運至少已發過五大次（一千多年前），擔心這穴難過此煞運。（這是筆者個人愚見）

風水龍穴與墓中人之後代歷史有極大關係，因為造風水穴在先，發福在後，一般人對風水龍穴之徵驗未必盡信，這玉女拜堂穴，其祖山是丫髻山，其來龍是「凹腦土形」，有人常稱為「巨門土」，筆者繼大師實不敢苟同。

首先，在風水巒頭古籍中，大部份都有記載山巒之五星，由五星變化九星，後再生化種種五行混合體之星辰，而山巒之星體，有分立體及眠體兩大類，不論何類皆以五行為主。在宋、廖禹之穴山九星（又謂天機九星）中，有述及土形星有凹腦、雙腦、平腦土等。由武陵出版古本重新編定，由【清】袁守定地師著《地理啖蔗錄》〈卷二〉〈穴星〉云：

「天財三體形有異。凹腦展誥是。雙腦貴人立馬容。平腦御屏風。…… 方是天財三腦分。凹腦土金身。雙腦合形本金水。平腦土星是。」

筆者繼大師現將土形之星體描述如下：

（一）巨門土——平頂，頂角邊圓邊方，沒有凸起之部份。

（二）平腦土——平頂，兩邊皆方，沒有凸起之部份。

（三）雙腦土——頂部中凹，兩邊皆凸，凹凸處均是圓形而沒有角位。

（四）凹腦土——頂部中凹且闊，兩邊略尖凸起，正是元朗丫髻山之形。

若然土與金合，是為「天財」，即位於香港新田趙氏祖墳之「凹腦天財穴」，又名「雙金扛水」，「扛」水者挑水（擔水）也。

在《地理啖蔗錄》〈祖山〉〈一章〉（第廿頁）云：「**土星兩角高起。狹小者為誥軸。長闊者為展誥。以其似詔誥之狀。故主貴。庫土星方而隋角。故主濁富。**」

而丫髻山如果作別處穴位的正朝山則為誥（音告）軸，即古代帝皇對臣子的任命或封贈的文字，而玉女拜堂穴之祖山來龍，便是屬於「凹腦土」，以穴之位置計算，其後面白虎方之「髻山」落脈，來龍由山腰近腳下出脈，龍虎二砂同出一祖山而左右護其主脈，其來龍主脈極長，並左右擺動，分別是戌、亥及子方來氣，龍脈到一個「金不金、土不土」之山丘星辰上，是玉女拜堂穴之父母山，父母星辰之落脈奇特。現述之如下：

（一）土角流金 —— 土金形父母山，由於山中間略窩，屬陽，其氣脈得從山之白虎方落脈，龍脈迂迴而落，到近山腳處便進入中間位置而落，形成臍帶之脈，在略拱處結穴，父母山形是斜土之狀，其白虎方之角是圓形而屬金，龍脈之氣由此處而下，故稱之為「土角流金」。

（二）祖山與父母山同一方出脈 —— 祖山是兩個丫髻為主峰，形像一隻雙頭展翅的飛鳥，以穴之位置計算，來龍從後面白虎方之「丫髻」出脈，不約而同，其父母山又是在白虎方落脈，兩者皆相同。

「玉女拜堂」全具備結穴之條件

丫髻山是「凹腦土」行龍，「巨門」是其統稱，而祖山出身分落第一節之星巒與前面結穴相應，故曰「應星」，這土星行龍，前頭必結窩穴之類，即在《地理啖蔗錄》〈卷四〉〈穴法補義〉云：

「觀應星之所起。則穴似應求。審變星之已多。則穴從變論。」

這即在《疑龍經》謂之「巨門不變窩中求」，此言行龍與結穴之關係，此稱為「應星定穴」，而「玉女拜堂」正是父母星辰生窩，若葬在這「的穴」後處，必受水煞所影響，然而，妙就妙在「土角流金」，脈氣從右方而下並入中，在脈氣略高之處結穴，這窩中有一凸，是陽中有陰之象，是結成「胎息」。

有了胎息之氣，自然結穴，而且避開界水，不為所害。這些玄機，甚為奧妙，故此「玉女拜堂」穴之結作特別，故筆者繼大師稱之為「第二等難度」之穴法。

曾評論過此穴之人雖多，正是花多眼亂，讀者們需以智慧辨之。此論是筆者首度公開其來龍秘法，可謂「劃公仔劃出腸」，如不明白，筆者也沒辦法了。

此穴全具備結穴之條件，即：

乘金 ── 來龍父母山是金土形。

相水 ── 穴左右之水雙交於穴前，是金魚水。

印木 ── 穴之左右有龍虎二砂印穴。

穴土 ── 穴結中間之中心點，中屬土。

地火 ── 穴之地下是龍氣之所聚，有熱氣上昇，故地屬火也。（非有某地師謂「升火」。）

「玉女拜堂」點穴功夫非常到家

若以天心十度（四正）論穴，還有些少未周全，因穴之白虎近砂（即侍砂）有缺，剛好到穴墳之頂後，並未包拱墳穴，第二層之白虎砂剛好有一凹缺，後兜抱龍穴，幸好凹位處有群樹遮擋凹位而護穴，白虎凹位遠處亦有山補其缺位，在表面來看是欠缺包拱，但若仔細思考，則是大吉之象。

其原因是龍砂（侍穴）近並包拱有情而護穴，這樣成了穴之逆水砂，若然虎方沒有凹位，勢必多順水砂，這反而對穴不吉。

穴之前案雖有，是金水形，其高度均適中，唯一欠缺的，就是砂形略偏朝左邊，正如《千金賦》謂：**「反背側身。只是他人之僕。」**

這是一小瑕疵，因穴是逆局，而大帽山群之水順朝，這案山成了擋砂而護穴，免受刑衝，使水由案山後方流到左邊，穴面前內堂及中堂之水，均由中堂之左方而出，而龍砂有力而近穴，甚為吉也，穴前左方有太陰金形橫欄，甚是有情，砂肥且樹木茂盛，若在天晴氣朗的夏天而穴前之大廈又未建立時，在穴中定見遠朝之觀音山，及右前近朝圓頂火形闊腳山（蠔殼山）。

觀音山雖是玉女拜堂穴之「玉女」山峰，現因被大廈所遮蓋，未能為穴所用，相反，近砂之蠔殼山腳闊有情護穴而能為此穴所用，良可嘆也。

筆者認為鄧符協地師之點穴功夫是非常到家，這「的穴」之處確實難尋。十多年前，隨 呂師到此穴學習，發覺穴雖在「天心十度」之處，四正應星齊全，如果穴尚未點，則「的穴」之處確實難點也。

其行龍之變化看法奇特，述茲如下：

（一）來脈迂迴，至結穴處甚緩，「的穴」處難決定也，需察其脈勢之來去，認定去留，氣之所止等。

（二）由於來脈很緩，星頂至「的穴」處之脈甚長，是臥式結地，左右龍虎有別，往往容易點於「的穴」之後方，如能明白此穴之結作，定能點穴在咫尺之內。

綜合以上兩點，其點穴之難度屬第一等，非明師不能為也，而此穴之造作特色如下：

（一）墳式之斜度是依山之斜度而建，結穴處緩，則墳用臥式而作，非常匹配也。

（二一）由於結穴範圍不小，其墳式連拜台及內圈（即近墳碑內圈之處）之距離略大。由於人造拜台深，正配合此穴之逆水來朝，穴與墳之大小比例相當適合也。

「鳥肩脊穴」雖非真結亦堪研究

當我們再度堪察此穴之來龍時，正當行到在穴之父母山山頂上時，與筆者同行之內子，雖是首次登臨此穴，而突然間她發現了這來龍之秘密，並請筆者坐下來觀察。

一看之下，赫然發現一物，原來整個丫髻山及其各支落脈，是一隻很大之飛鳥，形狀有俯衝之勢，此靈物正是守護著此玉女拜堂穴，飛鳥之勢與來龍均同一方向而來，筆者三次前來這穴並未發覺此物，今回內人之眼力大大勝過筆者也。

在細心之觀察下，發現飛鳥之頭頂、鳥眼、鳥鼻及鳥肩之處，均葬有墳穴，不單只在這裡，甚至在玉女拜堂穴之左後方，遠處來龍範圍及支脈範圍都葬有墳穴。筆者仔細觀察一番，發現除了玉女拜堂「的穴」之外，在其來龍飛鳥之肩脊上之墳是值得研究。除此之外，並沒有可造之地。

我們登臨此鳥肩脊穴，發覺是廿世紀在廿年代所造，墳砌「人字」式石磚，是單墳式。看墳之狀況，仍有香火也，此穴不算太差，其好處是：

（一）丫髻山落脈，脈不急不緩，略有氣脈到也。

（二）有龍虎二砂護穴，二砂同宗同祖所出。

（三）遠處有朝山，四應之星齊也。

（四）前山矮而在前方之左右，有一水「之字」走向前方，朝山剛好兜截此水，正是「交牙水」也。

在沈鎬著之《地學》〈卷二〉《論青龍白虎》云：

「龍虎生曜，互相出入。謂之交牙。」

這鳥肩脊穴之前面龍虎正是此等格局，而且有真水行走在其中，只是穴前不見罷了。

這穴不是真結之原因如下：

（一）脈氣雖暫停鳥肩脊之上，但其餘氣未止，直去鳥頭及鳥嘴也，面前有扯洩之小山，幸而不太長。

（二）穴前雖有水交牙，亦有朝砂關欄，但穴面前略有傾斜，面前水走是順局，是先凶後吉之象。

《地學》〈卷二〉亦云：

「**開口有合唇。開手有合兜。開脚有合氈。星體始圓。穴氣始足。內局雖宜緊固。卻要開陽陽明。**」

筆者認為此穴雖不是真結，但用造葬修補功夫，補其不足之處是可以的，地學所說之「合兜、合氈及星圓穴氣始足，及內局緊要開陽。」

這口訣可用作修補此穴之缺點也，但由於此穴有餘氣未止之缺點，故在筆者心目中仍然不敢取用，但其穴前之「交牙水」是可取的。

《地理啖蔗錄》之水法有云：

「**去水爲死。來水爲生。來宜之元。去宜屈曲。**」

這鳥肩脊穴之「交牙水」正是去水屈曲是也，而穴又有少許氣脈，正是吉多凶少之象。

筆者繼大師要求是平安地，即沒有形煞沖剋，是各人標準不同也。至於這「玉女拜堂」古穴，希望能夠受到保護而流傳後世作學習風水考察之用，祈望此古墳能逃脫這龍煞之運，倘能如願，幸甚！幸甚！

寫一偈曰：

丫髻來龍飛鳥現
千年玉女拜堂前
龍運砂水煞運當
祈望古墳流萬年

繼大師註：這鳥肩脊穴之飛鳥有俯衝降落之勢，穴前有「之字」水「交牙」地流出，鳥嘴前有水一潭，鳥作渴水之狀，故此穴可稱之爲：

「渴鳥飲泉」。

附錄：

筆者繼大師先後于 2005 － 2006 年再度勘察此墳，玉女拜堂穴前明堂就是橫洲，全部都是貨櫃運輸物流中心，私家車可以直接到達穴前地方，現在政府計劃在橫洲興建大量公共屋村，當工程計劃完成後，勢必把穴前明堂遮蓋着。

或多或少，玉女拜堂穴必受影響，這正應驗了穴之龍運、砂水及向度，剛好當上煞運，這樣的地方發展計劃，並非偶然，是龍行煞運之故也，當興建公屋的計劃完成後，將來必有一番新景象。

《本篇完》

玉女拜堂穴（來龍爲土角流金）

玉女拜堂穴之青龍砂

玉女拜堂穴之白虎砂

鳥肩脊穴之來龍後靠

鳥肩脊穴前朝之交牙砂水

（四）鄧氏祖墳的傳奇

繼大師

在偶然一個機會下，認識了一位鄧氏後人的鄧召妹女士，她是一位修藏密佛法的人，皈依白教創古寧波車活佛，有了感應，漸漸成了半個通靈人，她感覺到自己祖先的存在，在夢中或在禪定中，都有感應。

祖先給她靈感，使她知道有一位祖先在宋代曾經是修密法及得風水真道的明師，筆者繼大師知道在北宋時代，新界元朗岑田（即現在的錦田），有鄧氏四世祖鄧符協風水祖師，在宋神宗年代 ─ 熙寧二年（1069年）考得進士，他是一位得風水真道的明師，現在鄧氏族人的興盛及人才輩出，都是他的功勞。

他把他的曾祖父 ─ 岑田鄧氏第一世祖 ─ 鄧漢黻先生（黻音忽）葬於丫髻山的玉女拜堂穴。

他的祖父第二世祖（宋代貢元）鄧粵冠先生葬於金鐘覆火穴。

他的父親第三世祖鄧日旭先生葬於荃灣半月照潭穴。

四世祖鄧符協風水祖師自己卜葬於仙人大座穴。

另外，鄧氏族人祖先的風水穴有：

狐狸過水穴（鄧自明郡馬——元朗佛凹嶺近博愛醫院）

荷葉跋（伏）龜穴（元朗錦田）

獅子滾毬穴（皇姑——東莞石井獅子嶺）

另外不出名的真龍結穴有：黃龍出洞穴（鄧氏族人廿一世祖）、真武踏龜蛇穴（鄧栢泰地師卜葬廿一世祖——曾祖父鄧覲揚先生之墳穴，地點在上水，土名羅裙埔。）……

另外，鄧氏祠堂，不勝枚舉，如：元朗屏山鄧公祠及愈喬二公祠，粉嶺龍躍頭松嶺鄧公祠，元朗厦村鄧氏宗祠，粉嶺流水響村內的鄧氏祠堂、青衣島內近大王爺村的多個鄧氏祠堂、葵涌油麻磡路鄧公祠（供奉兄長）、下葵涌村鄧公祠（供奉弟弟）……

據葵涌油麻磡路守護鄧公祠的鄧先生說，約在十九世紀六十年代，鄧氏族人聘請當時五十七歲的葉姓地師選址興建祠堂，與政府換地，葉地師選了現址，後方正靠山丘，白虎方略遠處有護脉，青龍方夾耳高聳有情，前有山脈（大窩口脈）作案，標準風水格局的地方。

當興建時，葉地師對鄧氏族人說：「因為點取此地建宗祠，我將會三年後逝世。」後來果然如葉地師所說，筆者繼大師覺得可悲的是，葉地師家人，居然連殮葬費也沒能力支付，後來其後人通知鄧氏族人，由他們幫忙支付。

又于明洪武十五年（公元 1382 年），七世祖鄧彥通先生在屏山上璋圍北面，倡建人工文筆塔樓，名「聚星樓」，原本有七層，經過多年風雨的侵蝕，現只存三層，低層門楣上題有「光射斗垣」，上層供奉着魁星。

聚星樓建於屏山河邊，與屯門出水口的華表山——「青山」峰的方位互相配合，蔭佑族人在科舉中考取功名，集合了陰宅風水穴地、風水祠堂及風水文昌塔的力量，使鄧氏族人繁衍，歷代人材輩出，文人雅士及當官者不計其數。

據鄧召妹女士說，現時部份族人，不像以前那樣樂於修德積善，生活過於享樂，以致福份不能配合祖墳風水，當福份減少時，相應上，陰宅祖墳風水便遭到不必要的破壞，有些男丁，由於結婚後，妻子接收了鄧族祖先的福份，部份鄧氏男丁因此而早亡。

筆者繼大師聽到這消息，不禁感嘆，當「玉女拜堂穴」造後251年後，（公元923年造，約1174年宋皇姑嫁入鄧家。）龍穴地運旺盛時，有宋高宗的女兒下嫁鄧自明先生，而引致宋皇室的賞賜田地，當龍穴行煞運時，相反地，女人嫁入鄧族，有一些男丁便逝世，「風水輪流轉」乎？

鄧召妹女士雖然知道祖先葬有大地理，但她不知道在什麼地方，故請我們帶路，由於日久未去，山路有些模糊，當行至一分叉路口時，她說有一種力量吸她進去，果然就是「仙人大座穴」（葬者四世祖鄧符協風水祖師）的入口處。

當到達墓地時，她喜極而泣，禮拜一番之後，並謂，祖先要她修「六度萬行」，佈施功德為首，未來她將自己修行的功德迴向給她的祖先，使吉穴能保存而不致被破壞，福蔭子孫後人。

香港元朗鄧氏族墳，不但可以福蔭其後人，使子孫人才輩出，及作出風水學問上的重要見証，更可將中國傳統風水文化得以保存而流芳百世，又可使研究風水學問的人士，因為有真龍穴的存在，屹立在風水效應的歷史事實為證明，可以作為實地考察的地方，使風水學問得以延續下去，這真的要多謝鄧氏四世祖鄧符協風水祖師的功勞，但願鄧女士能如願以償，鄧族福德永在。

《本篇完》

流水響鄧氏宗祠

油麻磡鄧氏宗祠

屏山摘星樓

屏山鄧氏宗祠

葵涌鄧氏宗祠

（五）屏山鄧公祠及愈喬二公祠

繼大師

新界鄧氏第一世祖鄧漢黻于公元 973 年由江西吉水縣白沙村遷戶至廣東東莞岑田（現今名爲錦田）開基立業，其後子孫繁盛，人材輩出，大部份人都認為其第四世祖鄧符協先生因得到風水真訣，把祖先安葬於得地氣的龍穴上而致整個家族發跡，歷久不衰。

香港最早的鄧氏宗祠，應該是屏山的鄧公祠，鄧氏傳至七世孫，分了五大房，長房鄧元禎的兒子鄧萬里，正式定居屏山，並以其父鄧元禎為屏山鄧族第一世，元禎的第五世孫鄧馮遜，為福建之「方伯」，方伯為諸侯之首，又稱閩侯，約在十六世紀初，他在屏山建立鄧氏宗祠，已有五百多年歷史。

在鄧氏宗祠的青龍方（左邊），並建有愈喬二公祠，約建於公元 1500 年至 1520 年之間，是鄧氏第十一世孫，大哥鄧愈聖及三弟鄧喬林，喬林為壽官。古時興建祠堂，是一件非常艱難的事，除了有多出的土地外，福德要具足，但最重要的，是福主能夠找到一位得真道的風水明師，尋得真龍結穴地點，將祖先供奉在得地靈的祠堂內，福蔭後人。

筆者繼大師曾經考察過很多古舊村落的祠堂，發覺有地氣的祠堂，加上祖上得到風水穴地，都能蔭生有權貴的後人，甚至蔭出歷史名人，如淡水秋長鎮的葉氏家祠「會水樓」，石樓鎮的陳氏祠堂，良溪及香港沙田聚龍村的羅氏祠堂 …… 不勝枚舉。

鄧公祠及愈喬二公祠，其背靠只得一個不什起眼及矮而略帶橫長的山丘，根本看不出有什麼好的風水，這山丘就是屏山，像屏幛一樣的山丘，各位讀者若翻開谷歌（Google Map）衛星網，所有山脈可看得一清二楚。

南方盡結之龍，到深圳梧桐山過沙頭角之紅花嶺，南行至香港祖山大帽山，西南行至大欖山脈，千里來龍盡於此，至平地作穿田過峽，由南向北逆龍而上，午山來龍，全至於屏山山丘，再過丫髻山，結玉女拜堂，迴龍顧祖之穴。

穴朝大帽山祖山，龍至屏山時，山丘由東向西落脈，脈濶而短，至平地上結陽宅大地，為盡龍橫結之地，正是鄧公祠及愈喬二公祠的所在地。

喬愈二公祠坐辛向乙，為火山旅䷷二爻向，後方接地脈來氣，小小一突之脈為靠，坐於脈止之處，前有廣濶內堂，白虎方有突出的略大而圓平的山丘作近方護砂，青龍方低，但亦可作護砂，後靠屏山山丘，高過祠堂屋頂，丘雖不高，但靠得近而有力。祠堂前朝青山至大頭山山脈，青山山脈對面是「泥圍」，是兩水水源分界之處，祠堂收泥圍、洪水橋至屏山的逆水。

泥圍的另一邊，由菜園村開始，經藍地、桃園圍、屯子圍、新慶村、麒麟圍，一直至屯門市中心，水流走向青山灣，祠堂朝著前方，有一半是送水，是為「先逆後順」，這表示「風水輪流轉」，元運有衰旺，互相交替，巒頭與理氣，剋應均相同。

這是筆者繼大師畢生之中到目前為止，所見過的祠堂當中，巒頭最好的一間，只可惜線度中等，若然向度是四正四隅，則是天下祠堂中之一等一大地，福蔭後人更甚。

在另一方面來看，縱然有好風水，也要後代子孫善加保護，避免人為破壞，於 1945 年抗日勝利後，港英政府時代，因計劃建造屏山軍用機場，在屏山至屯門一帶，廿多平方英里範圍地方，包括多條村落及農田，想將它夷平，後屏山新界第一位留美醫學博士鄧松年先生，帶領群眾堅決抗爭，後港英政府在石崗軍營建軍用機場。

鄧氏三世祖鄧日旭所葬的荃灣半月照潭穴，亦曾發生過被破壞的事件，清末時期，有人在穴之來龍山脈處取泥，後被鄧氏族人阻止，並於 1931 年向政府買下半月照潭穴附近共三十多萬呎土地，以保護祖墳。不過，到了廿一世紀初。

政府擴闊青山公路，把半月照潭穴近前方山丘餘脈掘去，幸好未做成較大的破壞。不約而同，鄧氏在元朗造葬宋郡馬八世祖鄧自明的狐狸過水穴前方，亦因為擴闊公路而遭受破壞，幸好情況並不算嚴重。

於 1993 年港英政府與鄧氏族人合作，開辦了香港第一條名「屏山文物徑」，由近西鐵天水圍北站的聚星樓至坑頭村及坑尾村一帶，鄧公祠及愈喬二公祠在其範圍內，又將屏山警署改建成屏山文物館，內有鄧族的歷史介紹及仿製的鄧氏族譜，供遊客參觀，在介紹文物之餘，又可以保護屏山的風水。

無論如何，屏山獨特的風水，尤其是鄧氏祠堂，是鄧族的主要發源地之一，對於新界鄧族的衰盛，有着重大的影響。

《本篇完》

三層之摘星樓

欽點翰林院庶士鄧蓉鏡

屏山鄧氏宗祠

元朗石崗機場

荃灣半月照潭，因開路，部份已被破壞。

愈喬二公祠

荃灣半月照潭穴

屏山鄧氏宗祠

鄧氏族人功名石碑

（六）荷葉伏龜穴與凌雲寺的風水傳奇

繼大師

「荷葉伏龜穴」又名「荷葉跋龜」或「荷葉踎龜」，是香港新界元朗鄧氏祖先的風水名穴，筆者繼大師在跟隨恩師　呂克明先生學習風水其間，呂師曾帶著我們一班同門共十二人前往勘察。

眾穴當中，連荷葉伏龜穴共有五個墳穴並排，向度大致相同。還記得當時　呂師考試，命各同門選出那個墳是真結的穴位，各同門均沒發一言，筆者隨即選了其中一個墳。呂師說：「以你們現在的程度來說，可以算是差不多已經有一定的水準了，但地點不正確，並非這墳。」

呂師隨即指出此墳之白虎方鄰近的一穴，就是正結的穴位，當時筆者繼大師不明白其原因，但一直耿耿於懷，百思不得其解。隨著考察完畢後，此「荷葉伏龜穴」的結作秘密，心中並沒有得到答案，每每時常思考它所結作的原因。

如是者三年時間過去，一天重臨該穴，仔細觀察其巒頭，及四週的山形地勢時，突然之間，明白了它的結作原理，哈哈！原來如此……原來如此！

由於經常思考，故此印像深刻，並認為在當時所學各結穴之中，它是比較艱深的一個。

穴坐甲向庚，為貪狼局，兼收前方遠朝之大頭山，外堂堂局廣濶，一般的穴，很少有那麼大的堂局，是順局，因卦線向度有力，故發得稍遲而力量大。

穴位的背後，正靠圓金形山丘，非常有情，來龍由雞公山落脈，到達山腳，是平坡之地，有山丘分佈其中，龍脈脱煞而出，一般的行龍，很少脱煞得如此清純，驟眼看去，好像沒有來龍，其實龍脈潛藏於平坡之中。

龍脈至到頭一節，再生出圓金形山丘，穴正靠山丘之下，山丘似龜形，左右夾耳山峰護穴，面前下方，一大片半圓形的平地，長滿亂草，正是穴前的大塊氊唇，形似一塊大荷葉，故稱為「荷葉伏（或跋、踎）龜」。

「荷葉伏龜穴」所葬的人，就是明朝錦田鄧氏望族第十五世祖 ── 鄧洪儀先生，他先娶張氏，育有三子，名欽、鎮、鋭，洪武二十六年（公元 1393 年），洪儀之弟，因其妻舅犯了國法，而被牽連，被判充軍之刑，洪儀冒弟之名，代替他遣戍至遼東三年。

刑期屆滿後，回錦田途中，行至江南地方，一貧如洗，乃題詩，放在地上求乞，後獲得陳氏聘用，至其家任塾師，未幾，與其養女黃氏成婚，生一子名鄧鋗， 但好景不常，三年後鄧洪儀病逝，黃氏帶領其子護喪歸錦田，原本居於錦田的鄧洪儀的三位兒子，得知此消息後，即善待其庶母黃氏。

翌年，其親生子鄧鋗逝世，黃氏以生不逢時，悲痛不已，鄧欽兄弟三人在明宣德年間（1426 — 1435），合資在觀音山下，建「凌雲靜室」，給庶母黃氏奉佛靜修，安度餘生。

於清、道光元年（1821年），寺廟進行第二次重修，由滌塵法師募化，鄧氏族人為主要的捐贈者，並將「凌雲靜室」改名為「凌雲寺」，沿用至今。

相信由於鄧洪儀先生的義氣及結下善德之緣，致其後人能請得風水明師，為他點取「荷葉伏龜」大吉之穴，黃氏自從嫁入鄧門後，其年代為公元 1426 年之前，由 1414 年開始，正直明代永樂十二年，而黃氏逝世後，亦葬於鄧洪儀先生側鄰，福蔭後人。

凌雲寺位於大帽山下之西北偏西（廿四山之辛方），乙山辛向兼辰戌（雷山小過䷽向），剛好與玉女拜堂穴的向度（風澤中孚☴☱向）相反，與它遙對，其大殿正靠觀音山峰，可惜寺廟大殿之濶度超過山峰的濶度範圍，反而緊貼大殿青龍方的偏殿，剛好得到觀音山的木形山峰為正靠，其偏殿頂樓，正是住持釋慧皆法師的修練靜室。

（繼大師註：釋慧皆法師於 2014 年退任，共四十年主持，前後駐寺共五十多年，時年九十歲，約生於一九二四甲子年，並由釋衍悌法師繼任主持。）

在筆者繼大師首次勘察其間，主持釋慧皆法師問筆者一個問題，她說：「我住在此寺五十年，什麼原因呢？」

我對她說：「這是你的因緣，你與觀音山有緣，在凌雲寺及甲田村小巴站往觀音山看去，山形像一隻白鶴，凡屬鳥形之地，多是修仙練佛之地，蔭人長壽，而且能夠唱出美妙的歌聲，你唱頌佛讚時，是否很悅耳動聽？」

在場的人，聽我一說，頻頻稱是，正因為觀音山鶴形地靈的影響，地氣與主持釋慧皆法師合而為一，人傑地靈之故，而且她能夠長壽。

主持釋慧皆法師說出一件怪事，有一次，她的寺後，見有數隻狗因病臥在地上，她心生慈悲心，為牠們念佛，求佛光注照牠們。翌日，她見有九隻狗排列整齊地死去，她相信是阿彌陀佛把牠們全接引到佛國去，後命人將狗埋葬。

事有湊巧，狗屬戌，又剛好在的丙戌年壬辰月（2006年）發生，凌雲寺剛好是乙山辛向兼辰戌，又與「戌」地支有關，應了風水上羅盤廿四山干支的「戌」位上，「丙戌、壬辰」天干地支是天尅地沖，為歲破月，尅應準確。

凌雲寺是真結之地，建築在一高出的平地上，左右夾耳山峰高聳，內堂有一定的深度，生氣凝聚於內堂，雖然屬於木形山峰，出人清秀及有智慧，前堂非常深廣，主人心胸廣闊，但下關砂少，關攔不夠，面前沒有案山，是順局，主不能積財，往往儲蓄一筆財後，又突然用去，幸好內堂唇托邊略微突出，不致影響財困。

繼大師註一：鄧氏的香港六大名穴為：「玉女拜堂，金鐘覆火，半月照潭，仙人大座，狐狸過水，荷葉伏龜。」

繼大師附錄：鄧洪儀先生之原配夫人張氏，葬於「荷葉伏龜穴」之來龍近入首處，土名「筲箕窩」，巽山辰向兼巳亥，碑文如下：

祖妣張氏之原聚也　生四子　欽　次鎮　少鋭　四銷
先連卜葬筲箕窩　巽辰向之原　今鴆公重修墓貌維新
永垂不朽

明祖妣張氏孺人之墓

康熙四十三年臘月歲旦闔鄉子孫重修仝立石
（1972 年再重修）

《本篇完》

荷葉伏龜中間爲正穴 正靠穴星

荷葉伏龜穴後靠山羣

荷葉伏龜穴之遠景

鄧洪儀原配夫人張氏葬於筲箕窩穴

筲箕窩穴青龍砂

筲箕窩穴白虎砂

觀音山落脈

觀音山峯爲玉女拜堂穴之玉女朝山

凌雲寺遠觀

凌雲寺

（七）聚星樓及屏山的風水傳奇

繼大師

在香港元朗屏山上璋圍北面，有一塔樓，可以說是香港境內唯一的古塔，是鄧氏七世祖鄧彥通先生于明洪武十五年（公元 1382 年）所倡建的人工文筆塔樓，名「聚星樓」，已有六百多年的歷史。

此塔用青石作地基，建青磚塔身，現存三層，上層供奉着「魁星」，為中國古代星宿名稱，主宰文章興衰的神，聚星樓建於屏山河邊，與青山尖峰的風水遙相配合，護佑族人後代在科舉中考取功名，而事實上，鄧氏歷代人材輩出，文人雅士及當官者不計其數。

關於這塔樓，鄧氏族人有一傳說，明代建塔的鄧彥通先生，封為「寧國府正堂」官位，在他上任前夕，有一個晚上，夢見家鄉屏山的天空，滿天星斗，光輝燦爛奪目，突然間，所有星星都像流星一樣落下，散佈北屏山河的入海口處，於是驚醒，隨即想起相傳下來，祖先在立此村時所發生的往事。

原來在立村時，曾經聘請風水明師勘察地形，明師說：「屏山有左右分別有兩水逆流環繞，四週羅城環抱，可發千年之地，子孫後代繁衍，但其缺點是位於出水口處的青山尖峯火旺有尖尅，要用水制化，其次是西北方有缺口，北煞會傷人，並謂將來鄧族文官升堂，自有擋煞妙法。」

鄧氏族人再問，何時及為何要等「文官升堂」？先生答曰：「天機不可洩漏……」

鄧彥通先生想起這段往事，回顧過去，鄧族已有七代，僅發十二男丁，其中有四人早逝，莫非應了「北煞傷人」之說，他心中對此事耿耿於懷，於是向一位風水師講述他在晚間的夢境和當年立村的軼事。

風水先生對他解釋說，所謂「文官升堂。自有擋煞妙法。」即是今日大人升堂，群星聚會，應該建塔樓以聚群星，塔樓建七層，若文筆，大人升堂以掌之，有文筆及有掌筆之材，擋去北方之煞，貴村的風水先生，果然風水學問非凡，已預知天機。

於是鄧彥通先生聘請此風水先生，在屏山村西北，屏山河近入海口旁處，建了這座六角形的文筆塔「聚星樓」，原本有七層，因常有颱風襲港，風雨日久侵蝕，現僅存底部三層，筆者繼大師建議重修聚星樓時，建回原來的七層高度，使塔樓更具威力。

大陽宅在立村、建城或在都會內合乎吉祥風水的設計，可以在適當位置加建風水塔樓，這是城市風水最高段的學問，如廣州的琶洲塔、赤崗塔及石樓鎮蓮花塔的建造。

聚星樓現址在元朗西鐵天水圍北站出口附近，因為四週的地面已經填高，興建了大量建築物，所以塔樓在低出約十尺的平地上，正正在屏山坑頭村鄧公祠的廿四山方的壬山兼亥位上，遙對廿四山方的坤兼未山方位上望向青山，現因眾多大廈的遮擋，在塔樓的位置上已經看不見青山山峰了。

屏山坑頭村以鄧公祠及愈喬二公祠為中心，前方明堂廣闊，二公祠坐東朝西，於羅盤廿四山中的乙山辛向，火山旅䷷二爻，背靠屏山山丘，前方有橫案之山作關攔，東面有山貝河，蠔殼山及大帽山為東面夾耳山，西面以青山山脈的圓頭山為夾耳山，西面有天水圍河由南向北去，由洪水橋方流去天水圍方出后海灣，聚星樓的位置，正是在屏山北面的下關砂方，整個屏山地區，逆收南面大欖山脈來氣。

大欖山脈群像「山」字形，山字中間一棟之那支脈，正是由南向北行走的中間脈氣，「午」字來氣，入于平地上，兩旁有水流界氣，至數個山丘上，就是屏山的北面靠山，地脈脈氣再往北去，就是丫髻山，正是玉女拜堂穴及仙人大座穴的祖山。

其遠祖是由大欖山群中間出脈，北方來龍南方盡結之地，真是千里來龍盡結於屏山，故來龍極貴，已經有八佰多年歷史，發福久遠，屏山就是龍脈落平陽再起出山丘的「橫龍結地」，所以屏山的選址，是明師出手，真是堪稱一絕。

聚星樓坐亥向巳，大門向鄧公祠方，午方有大欖山群，三合家稱為南極仙翁的長壽山，青山在坤未方，圓頭山在庚方，逆收前方的生氣，聚星樓在風水上的設計上，是楊筠松先師所說的「乾山乾向水朝乾。乾峰出狀元。」的大格局也。

屏山有些少缺點，筆者繼大師述之如下：

（一）屏山北面有缺，地師謂：「北煞傷人」，其實是由於收逆局而財旺，後方之背靠山峰不夠高所致，加上在西北偏北方沒有近丘，故有缺口，**《雪心賦》〈卷三〉**尾云：「**文星低而夭顏回。夭柱高而壽彭祖。**」

當元旺運則人略為長壽，但一逢失元則短壽也，北面建人工文筆塔「聚星樓」（**正是文星也**），建於屏山坑頭村鄧公祠的「壬」方，加強文星，可以補救在失運時壽元不足之缺點。其次在整個村落的立向上，繼大師認為略欠一些，這個要顧及巒頭及理氣，兩者要相配，始能圓美。

（二）屏山之西南方是洪水橋、丹桂村、鍾屋村，其支水水流都是由南向北走，屏山尚可收到逆水，但一到「泥圍」，就是兩水水源分界之處，由菜園村開始，經藍地、桃園圍、屯子圍、新慶村、麒麟圍，一直至屯門市中心，水流都向西南方走向青山灣的，流水走洩，故收有限度的逆水水流。

屏山村落的地勢，在風水形勢上，是非常艱深而難以完全理解的，與國家的建都選址，其原理是一樣，能夠懂得這些，國師之材不遠矣。

所以凡是逆水大局所結的村莊或陰墳，其背靠的山峰，大部分都是欠缺高度，天地之間是很公道的，有財有官貴而少壽元，有壽元而少財少官貴，很少會兩全其美的，各讀者以為如何？

《全篇完》

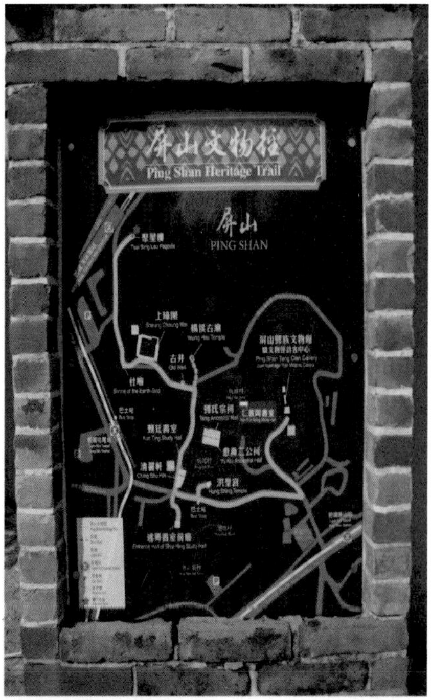

屏山摛星樓，底層光射斗垣，二樓聚星樓，頂樓凌漢。

屏山鄧氏古輿圖

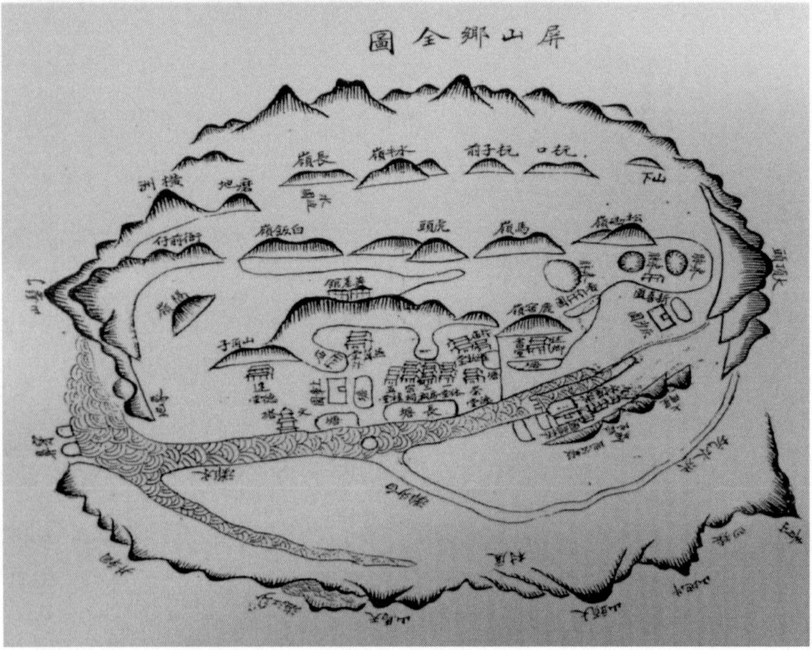

（八）雄雁拍翼

繼大師

愛好風水的朋友們，你們若在天氣好的情況下，站立在玉女拜堂穴的來龍後方的父母星丘頂上，蹲下來回望祖山丫髻山及其兩旁，你們會發覺整個丫髻山的形狀，如同一隻大鳥，左右展開了翅膀，作俯伏之勢。

丫髻山西南方的主峰向東南方落脈，首結「渴鳥飲泉」，即在鳥肩脊處結穴，然後脈氣一收一放，收窄處為鳥之頸，放出一山丘者為鳥之頭部，是渴鳥飲泉穴的左方內明堂脈氣。

以鳥頭為星丘，脈氣再向東南方而下，是鳥之嘴巴部位，其脈氣較長，故嘴巴位置較大，其高、中、低的三個位置都葬有墓穴，其中最高的一個墳穴，是「寄金」形式，並沒有安碑造墓，只用水泥加固泥土，有兩副金塔安放其中，其位置適中，下方還有兩個墳穴，但位置比較低。

站在寄金的墳穴位向前方觀看，其白虎方（右邊）脈氣同時是玉女拜堂穴的白虎砂護脈，此穴之青龍砂（左邊）則是玉女拜堂穴的行龍脈氣，左右脈有少許餘脈向穴方伸出，像鳥的雙翼在拍，且拍得很有靈力。

前朝左右兩砂互相交叉，水「之」字形走，迂迴曲折三次後始流出，為「交牙水」，前有朝山，水走至遠處，向左方而去，不見水口，此為「交牙水」，生氣聚於前方明堂內，故此穴筆者繼大師命名為：「雄雁拍翼」，因雁的嘴巴大之故。

「雄雁拍翼」後靠鳥頭為穴之父母星丘，雖然墳穴並未立碑，只是暫時把金塔安放，但可立乾山巽向的綫度（即坐西北向東南），不要立上正線就是，因為前方左右山丘之交牙處，積有水池，雖範圍不大，但山水零正不清，

（筆者繼大師註：零正 ── 即收山收水之配合，「零神卦氣」爲收納水氣，「正神卦氣」爲收納山氣。）

當配合卦氣向度時，不容易拿捏，小心為妙，立得旺向，則後代丁財貴壽，否則就易敗，所謂：

「分金差一線。富貴不相見。」

由於雄雁拍翼穴比較低結，局很聚，左右兩邊都包得緊，但後靠星丘不夠高，若立得正確向度，可以補救巒頭後靠不足的地方。

此穴驟眼看去，並沒有什麼特別，其實它的來龍很長，深圳梧桐山已是南部將盡的山脈，過香港沙頭角的紅花嶺，南行至香港祖山大帽山，再過大欖山脈，然後北上經屏山，至丫髻山為少祖山，脈氣之長，世上難找，難怪屏山鄧族及第一世鄧氏祖墳玉女拜堂穴，發福逾千年，至今未休。

筆者繼大師個人認為此是盡龍之地，而成大雁鳥形，再朝著大帽山的來龍方，是迴龍顧祖之穴，全收逆局之水，此大雁鳥形，其力量非凡，雙翼拍得非常有力，有沖天之勢，非同小可，且四隅之向，元運較長，難得之地，此穴立向為乾山巽向兼辰戌。可比媲美玉女拜堂穴，同一祖山及來龍氣脈之故，穴結鳥頭之下，穴前不見出水口，此穴造葬不宜過大，因內龍虎侍砂欠缺，幸好左右寬闊，補侍砂之不足。

穴前方平托下之脈氣級級而落，餘脈跌下拋出，穴前不見，像是官星，雖不是尖形砂，但仍然剋應有權力的後人，鳥形之穴再加上像香爐的凹腦土形祖山，此地可出修行人，但並非一定出家。

無論如何，「雄雁拍翼穴」都是難得一見的福地。

《本篇完》

飛鳥雁形

丫髻山

雄雁拍翼

（九）明太祖祖父墳墓的傳奇

繼大師

元朝末年，有朱初一先生由江蘇句容逃難至江蘇盱眙定居，（繼大師註：句容是南京在東南方的週邊市鎮，爲江蘇省鎮江市所管，北面長江，西近南京。）朱初一之子朱世珍，其孫子就是明朝開國皇帝朱元璋，後追封朱初一為熙祖及朱世珍為仁祖。

明、王文祿在嘉靖辛亥（1551年）冬十月撰有《**龍興慈記**》，內有記載一段關於朱初一的事蹟。筆者繼大師述之如下：

在楊家墩處有一墩，（繼大師註：現時杭州濱江區有楊家墩站，未知是否當年的地方。）墩下有一窩地，朱初一經常在此小睡休息，一天，有兩位一師一徒的道士路過，指出他所睡覺的地方，若死後葬於此處，後代必出皇帝。徒問何解，師對徒說，此地有氣，地氣暖，可以用枯枝插入地上，十日必生出嫩葉，以此証明真假，於是將枯枝插入地上，然後離去。

朱氏假裝作聽不到，暗中觀察，十日後果然生出嫩葉，朱氏隨即換上另一枯枝，道士再來，徒弟說，枯支為何不生葉，師曰，生葉的枯支必定被人拔去，是洩氣。此事瞞不過道長，並對朱氏說：「你死後若能葬於此處，日後子孫必出帝皇。」

朱初一回家將此事告訴其子朱世珍，未幾朱初一病逝，其子把他葬在此山墩上，葬後泥土自動堆積為墳形。半年後朱世珍妻子懷孕，生下朱元璋，他自小常聞父親朱世珍之言，此山墩有天子之氣。朱世珍生於盱眙縣靈跡鄉，並遷往鳳陽定居。

後朱世珍逝世，朱元璋抬着父親屍骸落葬，途中經過一地名九龍崗，突然風雨大作，繩索自動斷掉，棺木落地，泥土自動堆積為墳，有人說是葬在九龍頭上，而外明堂淮河上有九峰插天。

現時朱元璋祖墳「明祖陵」在泗州城北側，距離盱眙縣西北方約廿多公里，在淮河河邊，淮河長一千多公里，所謂：「**千里來龍，必結帝皇之穴。**」

在盱眙縣屬於淮河下游段落，洪澤湖在其北面，兜收生氣，為墳的下關砂水，整個大湖在深窩的大高地上，淮河流入洪澤湖之後，在湖之東南方流出，水流南下，在江都市附近滙入長江，成為長江的支流。

筆者繼大師翻查地圖及資料，發現熙祖朱初一皇陵的地點，在淮河末段洪澤湖之前，但現時已經在河水之下，因為黃河奪淮之故。淮河流域地處中國東部，介於長江和黃河兩流域之間。淮河發源於河南省桐柏山區，由西向東，流經河南、湖北、安徽、江蘇四省，在江蘇揚州入長江，全長約 1000 公里。

在古代，淮河由中國中部，由西向南流入大海，公元 1127 年宋朝定都南京，為南宋時代，公元 1128 年為防禦金兵南下，南宋東京守將杜充，掘開黃河南岸大堤，造成黃河改道。當定都南京及黃河改道後，至公元 1276 年南宋滅亡，南宋共 149 年皇朝。

自古至今有記載的黃河改道有一千五百多次，黃河改道後，河水凶湧南下，注入洪澤湖，由洪澤湖至出海之河道被黃河所搶佔，淮河因此被改道南下入長江而出大海。

清朝咸豐年間，黃河再重新改道，從山東入海，黃河出海改道整個過程，足足花了接近七百年，稱為「黃河奪淮」。從漢代至今，這種情況已經發生過好幾次，但這次是影響最大的一次，使洪澤湖原有由九個大大小小的湖泊，變成一個全中國第四大之淡水湖，淮河自此變成長江的支流。

黃河從上游黃土高原沖下無數大量沙石，流至下游地區，河床堆積泥沙，使到河道高懸於地面上，流至下游平原地帶，泥沙堆積，使黃河河道擴闊，流水速度減慢，河道不斷升高，距離地面高度約三米至十米。鄭州至開封的一段黃河流域是高危區。

明朝萬曆七年（公元 1580 年）春天，明朝派了水利專家潘季馴，用「束水攻沙」法治理「黃河奪淮」，把兩岸堤壩升高，強迫河道變窄，使水之流力增加，用流水沖去河床上的淤泥及沙石，誰知黃河水力猛於淮河，淮河不但無力沖開黃河河床的砂石，反被黃河奪去出海之河道，逼使淮河改道流入長江，成為長江的支流。

因為河道改變，水流影響了明朝的風水，筆者繼大師認為它會使整個國運改變，在公元 1580 年改變了淮河及黃河水流河道之後 64 年，（**繼大師註**：60 年爲一個大三元元運。）於 1644 年（甲申年）清兵入關，明朝開始滅亡，結束了 276 年的統治。比起僅多六年

（繼大師註：明代國運與 276 年，比起半個大三元元運 270 年的時間僅多了六年。） 1662 年永歷帝被殺，在福建的南明覆滅，1683 年清軍攻佔台灣，明朝最後徹底滅亡。

康熙十九年庚申年（公元 1680 年）此段黃河流域崩堤，河水進入淮河，泗州城沒頂。崩堤後三年（公元 1683 年）明朝在台灣完全滅亡。康熙 35 年丙子年（公元 1696 年），泗州城全城徹底被沙泥埋沒，熙祖朱初一皇陵亦埋入水中，明朝開山皇帝的祖墳受到破壞。2011 年適逢大旱，湖水降至歷史最低水位，皇陵建築物頂部露出水面，始被發現。

據王文祿先生撰寫的《龍興慈記》，在《地理人子須知》〈卷一下〉〈龍法〉〈論北條幹龍脈絡〉（乾坤出版社第 33 － 34 頁）亦有作片段的引述。朱世珍的仁祖陵墓曾是宋朝國師吳景鸞先生所點，後獻

上宋室皇朝使用，但宋朝宋仁宗無福消受，吳景鸞呈上《牛頭山山陵議狀》勸諫皇帝不可葬其母親於牛頭山，後皇帝不信，結果吳國師被關入天牢。

這明太祖祖父朱初一及朱世珍墳墓的傳奇，真的令人難以置信。當一個新朝代誕生的時候，必有新王者出生的異象，這種情況，無論在不同的風水典籍上，或在民間的傳說上，歷代均有記載及傳述。風水大地的契合，配合新王者出生，統治國家，歷史改寫，這都是一個國家的命運，但當這個朝代過去後，皇墳的風水自然被破壞，好像一切都有安排，半點不由人。

《本篇完》

（十）神宗定陵的神異——明十三陵

繼大師

筆者繼大師在學風水其間，曾問恩師呂克明先生，若有一出君皇之大地，而殺人無數，令後人生靈塗炭，是否點給福主使用，恩師立刻搖頭示意拒絕。

明朝第三位皇帝－明成祖永樂皇帝－朱棣（公元1360－1424年），在位23年（公元1402－1424年）年號永樂。靖難之役後，他把齊泰、方孝孺、黃子澄等建文帝親信滅門，將眾多建文帝的舊臣舊將鐵鉉、盛庸、耿炳文等處死，或受到迫害而自殺身亡，甚至因一人而誅十族，牽連三萬多人死亡，又冤殺了解縉等大臣，在他去世後，有16妃和數百宮女生殉，遭到後世詬病。

明成祖朱棣統治時有「永樂盛世」之譽，史稱「瓜蔓抄」，抄十族，連朋友鄰居都不放過，他雖然造了自己皇陵的風水，但其後代皇帝十三人，八成人壽命短，平均壽命卅九歲半，風水也敵不過殺業，因此風水元運輪轉而致失運，地理自然敗壞，明十三陵及長陵，各讀者有機會可到定陵考察研究。

茲列出明成祖葬於長陵後的十三個皇帝壽歲：

仁宗朱高熾洪熙(1378 — 1425）48 歲，葬於獻陵。

宣宗朱瞻基宣德(1398 — 1435）38 歲，葬於景陵。

英宗朱祁鎮正統、天順(1427 — 1464）38 歲，葬於裕陵。

代宗景帝朱祁鈺景泰(1428 — 1457）30 歲，葬於景泰陵。

憲宗朱見深成化(1447 — 1487）41 歲，葬於茂陵。

孝宗朱佑樘弘治(1470 — 1505）36 歲，葬於泰陵。

武宗朱厚照正德(1491 — 521）31 歲，葬於康陵。

世宗朱厚熜嘉靖(1507 — 1566）60 歲，葬於永陵。

穆宗朱載垢隆慶(1537 — 1572）36 歲，葬於昭陵。

神宗朱翊鈞萬曆（1563 — 1620）58 歲，葬於定陵。

定陵位於北京市昌平區大峪山東麓，明十三陵之一，是明朝第 13 位皇帝，年號萬曆，葬者包括孝端顯皇后、孝靖太后等人。

於一九五六年由郭沫若發起開掘定陵，傳說中，當掘出整個皇帝群葬墓穴的棺木時，適逢當年為破除迷信，竟把神宗、孝靖太后、孝端顯皇后三等人之骨骸運往天安門廣場，當眾有幾萬人在現場圍觀，然後潑上電油，一把火燒了他們。

當時是無雲晴空，太陽高照，燃燒骨骸的一剎那間，突然風雲色變，刮起大風，烏雲滿天，行雷閃電，傾盆大雨，竟然把火焰淋熄了，眾人口目定呆。現址為定陵博物館供遊人參觀。筆者繼大師於二〇一五年秋曾到此一遊，其向度為乾山巽向，兑卦☱向。

光宗朱常洛泰昌（1582 —— 1620）39 歲，葬於慶陵。

熹宗朱由校天啟（1605 —— 1627）23 歲，葬於德陵。

思宗朱由檢崇禎（1610 —— 1644）35 歲，葬於思陵。

除了祖墳及陽居影響後人之外，村內之祠堂，亦影響後人的命運，若沒有福份的人，風水明師 切不可給他們卜造祠堂、祖墳及陽居，否則因果自負，蔭出殺戮的後代，可謂生靈塗炭，豈不哀哉！

《本篇完》

（十一）方孝孺被明成祖滅族背後的風水因果

繼大師

明成祖朱棣把方孝孺抄其十族，包括朋友鄰居，據說有三萬多人受牽連，史稱「瓜蔓抄」，全族人有 873 人死亡，每個逐一地當着方孝孺面前被明成祖所監殺，可算是滅族。

驟眼看去，是十分殘忍的事，但故事背後並非如此簡單，其中牽涉到因果關係。據傳聞說，方孝孺父親非常相信風水，並聘請明師尋龍點穴，某日尋得一風水大地，於此擇得吉時，請工人開鑿，並將父親埋葬此地。

當一切準備就緒時，工人正開鑿期間，突然發覺穴位內有一大洞，一望之下，內裏竟然藏有大大小小約千條蛇，原來是一個蛇竇，嚇得工人把泥堆回，慌忙而逃。

方父亦回家，考慮如何處理這事情，並想用火燒毀之，當晚，方父夢見一青衣老人對他說：「我族於此地群居久矣。得知今日浩劫將至。尤望先生高抬貴手。通融一下。給予我族三個月時間遷徙。方便另覓他處。若然殺害我們。他日我們必將回報。」

方父醒來，半信半疑，亦什驚慌，不知如何是好，翌日與各族人相議，一致認為愈快處理愈好，盡快下葬，否則父親屍體容易腐爛損毀，于是決定用火燒毀蛇竇，于燒毀其間，一陣青黑煙，其寃氣直衝向方家。

此事完畢後，未幾，方夫人懷孕生子，就是方孝孺先生，年小聰明伶俐，才智過人，讀書過目不忘，據說他的舌頭可以向上伸到鼻尖。

方孝孺（1357年－1402年）字希直、希古，浙江寧波人，世稱正學先生，著名的學者，是思想家、散文家兼文學家，建文帝的重臣，因參與組織削減藩王的事，建文帝把各皇叔消滅，當時燕京（今北京）的朱元璋第四子朱棣未有就範，於是起兵反抗，用了四年時間才攻入南京，並篡位，世稱「靖難之變」。

朱棣自姪兒建文帝手中奪得帝位，建文帝失蹤，所以後來明成祖派遣鄭和下西洋，南下南洋，籍詞宣揚明朝國威，其實就要找建文帝的下落。方孝孺拒絕與朱棣合作，並且大罵朱棣篡位，大大激怒朱棣，被明成祖永樂皇帝朱棣誅十族，包括朋友、學生、鄰居等人。

晉、杜預注解《左傳》則說，九族謂：「外祖父、外祖母、從母子、及妻父、妻母、姑之子、姊妹之子、子女之子及自己的同族。」也就是外祖父母、姨表兄弟、岳父母、姑表兄弟、外甥、外孫，以及本身的族人。

明成祖把齊泰、方孝孺、黃子澄等建文帝親信滅門，將眾多建文帝的舊臣舊將「鐵鉉、盛庸、耿炳文」等處死，或受到迫害而自殺身亡，甚至因一人而誅十族，牽連三萬多人死亡，又冤殺了解縉等大臣，在他去世後，有 16 妃和數百宮女生殉，遭到後世詬病。

單從此段歷史中，明成祖誅方孝孺十族，表面上看是非常凶殘，但如果在傳聞中的方族風水事件屬實，那就扯平了因果，真是冤冤相報何時了，其背後所發生的事件，不易被人們所知。所以風水師與人尋龍點穴，真的頗要小心，因果報應，絲毫不爽。

《本篇完》

（十二）江西三僚村風水傳奇

繼大師

緣起

於（1989年）己巳年十月中，恩師 呂克明先生與筆者繼大師及第三屆同門到江西興國縣梅窖鎮三僚村探訪後唐風水祖師楊筠松先師聖跡仙蹤，事隔廿四年（2013癸巳年），舊地重遊，恩師已不在，昔日為徒，今日為師，人事已全非。

出發至到達

一行人等於2013年12月25日早上到達贛州古城，在1937至1945年間，蔣經國大力建設贛州，建很多中西合璧的大樓，更有小南京之稱。沿贛江旁有很多城樓，相傳是楊公應盧王而用風水規劃立城佈局，其中一古城樓名建春門（另有湧金門）向度為寅向正針（既濟䷾），前有朝案之橫山，相信是選出特別地點來建立城樓，其來水口為辰位（歸妹䷵）。

大庾橋嶺山脈流出章江水，加上貢江水成贛江，旁有三白山是南北的分水嶺，南邊流向廣東省，北邊流向南昌方向，南昌為江西首府。贛州有三條古浮木橋，在其中一條浮橋上，為兩節水的分界線，上游（向三白山方向）為辰位（睽䷥），下游方向之一節為亥位（晉䷢），亥為天皇龍。

董家大宅

中午我們到一間酒家吃飯，在民國時期是銀莊，後為董家大宅，相信是流坑村（董仲舒）董氏後人。舊董宅是四合院式設計，午山子向兼丁癸（復五六爻䷗），宅內外門水口（無妄䷘），宅內內門午山子向兼丁癸（向復䷗），水口開丁位（頤五六爻䷚），左門（青龍）壬兼亥位（觀五爻䷓），右門（白虎）癸兼丑位（益䷩）。舊董宅內的佈局，全部都是出自風水明師手筆。

三僚村

我們於 2013 年聖誕節晚上到達三僚村，剛好有慶祝活動。而三僚村相傳是唐朝國師楊筠松風水祖師為避戰亂而來，並在此地授徒，將風水學問平民化。在此之前，風水只是為皇家所御用，皇親國戚或貴族中人始得以傳授，平民百姓不得學習，由楊公開始，始踏入平常百姓家，由宮廷走向民間。

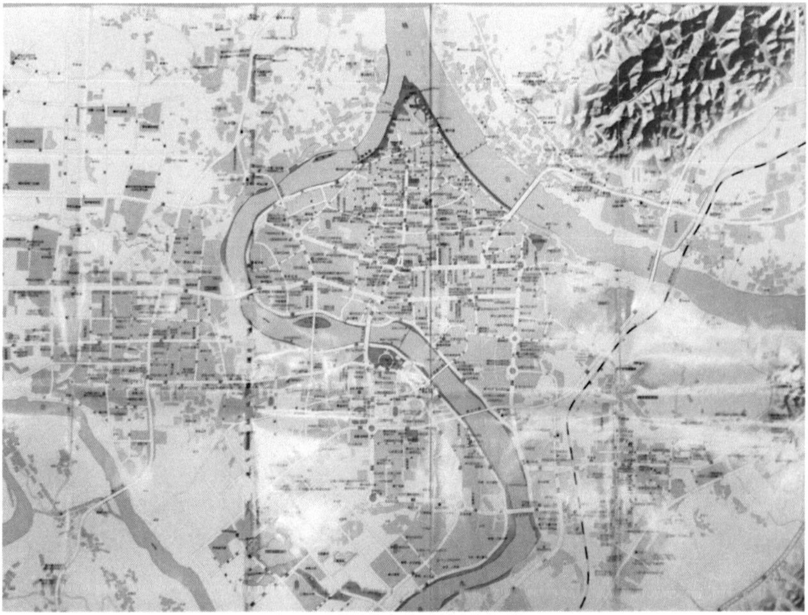

江西贛州古城地圖

城中之浮橋

湧金門門樓

贛州古城城牆

董宅大門

董宅內部

董宅內之元成堂

董宅之內院

自唐朝以來，三僚村出了欽天監博士 36 人，國師 24 人，風水明師 72 人，北京故宮、天壇、明十三陵、沿長城九個鎮等名勝古蹟，都是出自三僚村內的風水明師手筆。

永樂皇帝御用三僚村廖均卿地師

明朝第三位皇帝－明成祖永樂皇帝－朱棣（公元 1360－1424 年），在位 23 年（公元 1402－1424 年）年號「永樂」。靖難之役後，他把齊泰、方孝孺、黃子澄等建文帝親信滅門，將眾多建文帝的舊臣舊將「鐵鉉、盛庸、耿炳文」等人處死，或受到迫害而自殺身亡，甚至因一人而誅十族，牽連三萬多人死亡，又冤殺了解縉等大臣，在他去世後，有 16 妃和數百宮女生殉，遭到後世詬病。

開口明師

據廖均卿（公元 1350－1413 年）兒子廖信厚記載的**《均卿太翁欽奉行取插卜皇陵及行程回奏實錄》**中說，永樂皇帝徵用三僚村廖均卿風水師勘擇明十三陵之首－長陵，在北京昌平縣東之土山覓得佳壤，廖均卿將土山地圖及形勢記錄，寫成奏章，進呈永樂皇帝朱棣。

朱棣親往察看，後非常高興，封黃土山為天壽山，劃地八十里為皇陵禁區，授廖均卿為欽天監靈臺博士，督修長陵。廖均卿曾經著有七言詩句的水法秘訣歌。與此同時，三僚村曾從政地師為永樂皇帝母親徐太后擇陵于昌平，又奉皇命擇取長城最佳風水位置，重修軍事城樓，後又為紫禁城佈局設計及定向，向度為午山兼丙向（乾三爻☰），督建各行宮宮殿。

永樂十一年夏（公元 1413 年）曾從政完成徐太后陵墓建設工程後，被敕受為欽天監博士、進五品靈台郎，賜予「精明地理」，碑額金榜，派遣庶吉士王英率兵六百，護送他沿長城去選擇風水吉地，修建軍事要塞，達六年之久。

永樂皇帝御賜額匾文「開口明師」，授官太史，並給假還鄉。一年後再為北京天壇祈年殿選址，于永樂十八年卜勘，至永樂廿二年年完工。（公元 1420 – 1424 年）其間病逝，永樂皇帝派遣兩名太監護送曾從政靈柩還鄉榮葬。

三僚村明代太監墓簡介

太監墓位於三僚村下砂，明朝永樂年間，明成祖朱棣遣宮庭黃衣力士黃榜等倆名太監，護送風水國師曾從政靈柩還鄉榮葬，太監到達三僚村後，奉命督促縣衙，徵發民夫，在三僚曾氏村莊的青龍方築起一道山梁。完成三僚曾氏村莊的風水砂手，其中太監黃榜在三僚村病故，三僚曾氏念其督建砂手有功，合族將其遺骸葬於砂手之上，以示紀念。

太監黄榜墓簡介

太監黄榜墓

葬於三僚村下手砂之太監黃榜墓

太監黃榜墓前之三角形水池

曾家築下關砂

相傳曾從政曾發動族人築起曾氏村中的「下關砂」，以關鎖內氣而聚財，但屢遭外姓村民強烈阻撓，今次有兩名太監護送曾從政靈柩還鄉榮葬，並助曾家築下關砂，兩名太監到達三僚村後，三天內在曾氏水口處堆起砂手，其中太監黃榜突然身亡，有說太監不服水土，有說曾氏族人故意毒死他而嫁禍對方。

最終太監被葬于下關砂脈盡之處，有了「太監墓」鎮守下關砂，再無他人敢破壞，現時前方內明堂有三角形人工水池，碑文寫上「明欽差力士官黃公諱榜」，並于清、道光三年重修」。據說，從此曾氏村民興旺，曾氏村青龍方之村落便衰敗。

三僚村曾氏曾擔任過欽天監職司的有：曾從政、曾邦旻、曾鶴賓、曾永章、曾國瑞等。

三僚村今已建有楊公及曾公大酒店，比以前方便得多了，我們一行人等，剛好在聖誕節當晚到達，入住的曾公大酒店，建於來脈平緩地上，以前是耕種的田地，左右砂手包得很貼，其青龍夾耳砂剛好正是羅盤山，高約八十米，白虎砂較低，高約二三十米，酒店前面有人做大明堂兩托，第二托之明堂建有楊公大酒店，以此作人工案山，亦有外明堂，前有一字大橫嶺作朝山，高至眉額，有非常好的堂局，唯一缺點是後靠的山嶺略遠，靠得不夠近，缺乏父母星丘，及向度不合，酒店大堂近正門口的地上，鋪上一塊很細緻用雲石刻做的大羅盤，約有一米半大，外方內圓，羅盤向度與酒店相同。

第二天早上（2013年12月26日），有一名改名專家曾平安先生作導遊，是三僚村曾文辿後人，我們首先到三公茅屋，建在一平崗長丘上，品字形的三間平房屋，是後人因發展風水旅遊文化事業及紀念楊筠松、曾文辿及廖禹等風水祖師而建做的。

楊筠松祖師生平

楊筠松祖師（公元834－903年）生于唐朝唐武宗辛酉年（公元834年）三月初八戌時生，名益，號叔茂，因用風水之術使人脱貧，故外號名楊救貧，母親何氏，江西廬陵人，今之吉水縣，（繼大師註：與香港元朗鄧氏四世祖鄧符協風水明師祖籍江西吉水縣相同。）父親早逝，母親改嫁竇州商人。

楊公生於竇州，今廣東省信義縣，唐朝武德四年（六二一年）分懷德縣置，今在廣東省信宜市西南鎮隆鎮，屬竇州。北宋太平興國元年（九七六年）改名信宜縣。

楊公在三兄弟之中排行第三，長兄筠翌，次兄筠賓，養父名粲都，字文光。

楊公自幼聰明勤奮好學，年十七而登科中，至唐僖宗時四十一歲（八七五－八八〇）而任國師，官至金紫光祿大夫，掌管靈臺地理一職，專責擇日、風水及祭祀等事務。

公元八八〇年，黃巢作亂，黃巾賊攻入長安（今西安）京城，楊公乘亂而入宮中瓊林寶庫竊取由丘延瀚風水祖師所撰寫「國內天機書」風水秘笈，然後斷髮入崑崙山看龍，後與徒弟曾文辿逃至江右（即江西興國縣梅窖鎮三僚村）傳授風水學問。

據三僚村廖氏後人所說，廖姓先祖有懂風水者，得遇楊筠松祖師而學風水，約五十年後（公元九四三年）出後唐（五代十國）國師廖禹。故三僚村以廖、曾兩族人為主。

傳聞當年盧光稠統轄虔州（江西贛州）自立為盧王，請楊公為他卜天子穴地，卜得後，盧王問楊公是否還另有天子地，楊公答：「一席十八面，面面出天子。」

盧王不願別人得到天子穴，便在楊公酒裏下毒。楊公察覺後，立刻帶著弟子回家，途中問弟子曾文辿此處何地，曾說是藥口，楊公嘆道：藥到口必死矣！

楊公臨死前吩咐曾公去遊說盧光稠在贛州磨車灣安裝水碓，在十字路口開鑿一口水井，則子孫世代為天子。目的是破壞贛州的「天子氣」，制住盧光稠的煞氣，後來他背長癰疽，疼痛難忍，自縊身亡。現在于都縣博物館收藏了一塊「楊公墓碑」。

據三僚村廖姓萬方祠記載楊公事蹟如下：

（一）楊公身殞寒信峽

據興國清代縣志《潋水志林》記載，楊筠松在替盧光稠擇址營建天子地後，離開盧王城乘船返回三僚途中，在于都寒信峽身亡，楊公弟子將其就地安葬。為了紀念楊救貧，至今該地仍命名楊公壩，河邊楊救貧用板凳立向的管氏祠堂裡，塑有楊公像供奉，河岸上立有楊公墓地望碑，興國三僚村曾、廖兩姓，分別建立楊公祠，世代供奉，並把楊公風水術列為家傳，綿延至今，發揚光大。

（二）楊公擇址盧王城（贛州城前身）

楊救貧得宮廷秘籍，在離開長安後，朝廷派東平候孫俐領兵沿途追索，欲將楊救貧捕獲，將帶走的宮廷秘籍歸庫。孫俐在虔州三僚找到楊救貧時，大唐朝廷已經傾覆，楊救貧此時已經成為割據虔州盧王光稠的座上賓，孫俐遂與楊救貧結為好友，楊救貧為其寧都城外馬家坑點了一穴「將軍坐帳」形風水寶地，孫俐墓已成為江西省政府文物保護舊址。

楊救貧隱居三僚的消息，被起兵割據虔州的盧光稠得知後，便將其奉為上賓，並請楊救貧先後在寧都球田、麻田為其父親母親擇地建旗形、龍馬形等孕育皇帝的天子墓。楊救貧還為其在虔州章貢合流處擇址構築了盧王城，奠定了現代贛州城的基本格局。（繼大師註：盧王城現址為公園綠化區，為章江、貢江兩水之交匯處，合流而成贛江，往北方「子」位流而去，見一〇九頁圖。）

（三）楊救貧隱居三僚著書

楊筠松在雲遊天下，考察完中華龍脈以後，隱居三僚這塊遠離京城的風水寶地，開始了他一生中最輝煌的創立學說時期，在三僚期間，他先後完成了著名的《疑龍經》、《撼龍經》、《葬法倒杖》、《天玉經》（四卷）、《青囊奧語》等八部著作，奠定了他在中國風水學上的理論基礎和祖師地位，千百年來，三僚村也因此被海內外風水學愛好者譽為中國風水文化聖地。

（四）楊救貧步龍入三僚

楊筠松在虔州收弟子曾文辿、廖瑀等人為徒後，欲尋覓一塊適宜研究和傳播風水術的地方居住，著書立說，經過反復考究，他選中了興國縣三僚村。興國三僚曾氏家譜中，至今保存了當年楊救貧為曾文辿卜地撰寫的地鉗記：

「僚溪山水不易觀。四畔好山巒。甲上羅經山頂起。西北廉幕應。南方天馬水流東。仙客拜朝中。出土蜈蚣艮寅向。十代年中官職旺。今卜此地爲爾居。代代拜皇都。初代錢糧不興大。只因丑戌相刑害。中年富貴發如雷。甲水栽培。兎馬生人多富貴。犬子居翰位。今鉗此記付文辿。三十八代官職顯。」

楊公常自言：「既得至道。不敢炫耀於世。故披褐懷玉。抱道無言。」

三僚村入口牌樓

三僚村楊公大酒店

近三僚村入口之羅盤石（山丘）

三僚村曾氏楊公祠

《江西通志》引《南安府志》載：楊筠松。竇州人。生於唐太和八年。（公元834年）三月初八戌時生。唐僖宗朝國師（875 – 880）。官至金紫光祿大夫。掌靈臺地理。

黃巢破京城。乃斷髮入崑崙山。步龍過虔州。（隱居興國三僚村）以地理術行於世。稱救貧仙人。卒後。葬雩中藥口（現時之江西于都縣田楊公壩村）（《江西通志》、《贛州府志》、《于都縣志》都有記載。）唐、天復三年（公元903年癸亥）二月初九。戌時卒。

著作有：《撼龍經》、《疑龍經》、《葬法倒仗》。屬於「巒頭」功夫的風水經典，「巒頭」即專在形勢上的龍、穴、砂、水是也，加上向，就是風水五大要素。

至於方位及方向上，是為之「理氣」，理氣上的著作有：《青囊奧語》、《天玉經》、《都天寶照經》，與《青囊經》（曾求己著）、《青囊序》（黃石公著），為三元地理之理氣經典。

楊公曾在江西于都縣與曾文辿之母親卜地造葬，地形是山崗龍脈落在平田上，地形像蜘蛛網，故稱為「蜘蛛織網穴」。

曾文辿生平

曾文辿（公元854 － 916年），字繼輿，號逸真，三僚曾氏開基祖，楊筠松首座弟子，原籍江西于都葛壩小溷村人，生于大唐中甲戌（公元845年），卒于梁貞明二年丙子（公元916年），享年63，父親曾德富，兄文遄，弟文迪，文辿排行第二，曾公幼時習詩書、天文、經書、黃庭內經諸書。

在雩都黃禪寺隱居時，得遇楊筠松祖師，仰慕其風水學問，遂拜楊公為師，後得楊公真傳。隨楊公為盧王規劃贛州城、樂安流坑董氏祖先點穴卜葬，及為流坑村佈局，後將全家遷往三僚村定居，楊公為其選址定向，並預言此地有羅經吸石，後有包裹隨身，子孫世代為風水明師。

楊公死後，曾公遵守師囑咐回虔州，以風水制煞盧王。後曾公離家避禍，攜子婿四方雲遊，至袁州萬載，看中縣北西山之美，對其子婿曰：「死葬吾于此。」果如其言，至今地名叫「曾仙塘」。著有《青囊奧語》、《泥水經》、《八分歌》等。

廖禹生平

廖禹（公元 943－1018 年），在《中國廖氏通書》引《蔡志》云：「廖禹，字君玉，三僚廖氏先祖，精通天文地理，為風水地師，曾入山學道，號金精山人，後世稱他為廖金精，後唐皇帝封他為國師。」

廖禹曾為饒州許氏陽居選址，並預言：「日後貴府子孫當有爲吾州守者。」在廖禹死後 112 年，宋建炎四年（公元 1130 年），許氏後人考中進士，任贛州知府官，這位許氏後人曾專程到廖禹墓前隆重地祭祀，並立碑記下此事，清《贛州府志》有記載。

在《地理大全入門要訣-卷一之陰陽明証辨》內有引述《廖公行實錄》，其生平如下：

「廖禹四十歲時，爲虔州（今贛州）通守（地方官）張明叔之卒，因重修官邸，以風水上之準確預言而令張夫人大喜，張夫人爲宋朝國師吳景巒之獨女，得父親所遺傳風水祕文，因憐憫廖禹，便將祕笈傳給他。

後廖因貧窮所迫，自作金精山急發之陰宅福地，於一、二年可驟富，但十年後立見絕滅，自此之後，風水學問大增，富人信他如神明，與人看風水，目不暇給，賺了很多錢，家道日隆。

宋熙寧元年（北宋，宋神宗趙頊戊申，公元 1068 年），州通守張明叔禮以上賓對待，廖公亦樂意效勞，爲張公做風水十八年，其間點地七十四幅，至壬子（公元 1072 年）八月，要求辭職歸家，回鄉改造祖墳，怕祖墳地運過期而影響後代敗絕。

無奈張氏苦苦哀求，于是又留下來共四年，待回歸家時，兩子一女已亡故，剩下老妻及外孫謝氏，廖公悲憤不矣說：「此輩誤我。」未幾憤疾而卒，壽元六十二歲。」

由《廖公行實錄》得知廖公生于公元 1028 年，1068 年四十歲得訣，遊藝 22 年，1090 年卒。以上所引述之《廖公行實錄》與坊間所說不同，有待考證，據傳有兩位廖禹，一位在五代(後唐)，即三僚村那位，一位在宋代，即是《廖公行實錄》那位。

兩位廖禹共著有《廖公畫筴撥砂經》、《陰陽契陽符》、《廖氏泄天機諸入式歌》(錄於《地理人子須知》內):《俯察本源歌》、《俯察正法歌》、地理三科歌》、《九星入式歌》、《九星正名》、《九星正變龍格歌》、《九星正變穴星歌》、《全局入式歌》、《尋龍入式歌》、《步龍認格歌》、《落局入式歌》、《穴星入式歌》、《點穴認勢歌》、《怪穴辨惑歌》、《消砂八式歌》、《喝砂分格歌》、《九星正變砂格歌》、《消水入式歌》、《辨水分格歌》、《九星正變水形歌》、《明堂入式歌》、《明堂辨水歌》、《洞明卦例入式歌》、《建都入式歌》、《郡邑入式歌》、《立宅入式歌》、《安墳入式歌》、《作法秘旨歌》及《一盞燈》等。

在公元 907 年唐哀帝李柷遜位,至公元 960 年北宋建立的五十四年間,中原相繼出現了周、唐、梁、晉、漢五個朝代,史稱後漢、後梁、後周、後晉及後唐。同時,在這五朝之外,還相繼出現了前蜀、後蜀、吳、吳越、閩、楚、南唐、南漢、南平(即荊南)和北漢十個割據政權,歷史上稱為「五代十國」。而三僚村廖禹就是後唐的國師。

繼廖禹之後,三僚村出廖姓欽天監國師有:廖興、廖均卿、廖旺隆、廖文政。廖姓欽天監博士有:廖景庵、廖必旺、廖用成、廖岐山、廖紹定、廖覺先等人。

廖文政生平

廖氏祖祠名「萬方祠」，內有介紹廖姓地師生平如下：

（一）**廖文政**，三僚人廖均卿之孫，明嘉靖 15 年（1536）在禮部主持對全國各州推舉的風水術考試獲取第一名，奉朝廷詔命，主持了十三陵中原有的長陵、獻陵、景陵、裕陵、茂陵、泰陵、康陵等七陵的維修工程，並為嘉靖皇帝堪擇了十三陵的第八陵 – 永陵。

此外曾隨嘉靖皇帝返回故里 – 湖北鐘祥縣，為其父母堪擇了顯陵，功授欽天監漏刻博士，欽天監登仕郎、欽天監博士等職。嘉靖十八年七月，奉詔前往鳳陽府泗州主持修理黃河並開漕運工務，皇帝賜授其半副鑾駕出京返鄉，其墓仍存。（**繼大師註：後人建東山祠紀念廖文政。**）

廖勝概生平

（二）**廖勝概**，明代三僚人，字翼華，號景菴，學識淵博，於形家言猶精，海內巨公 多不遠千里來聘者，嘉靖間，隨祖輩廖文政奉詔遷造永陵有功，授欽天監博士。能自謙凜凜篤行，推重於鄉里。

嘉靖年間，清官海瑞任興國縣令，與廖勝概過從甚密，結為知交，廖勝概整理印刷隨祖輩堪擇皇陵過程《文政公實錄》一書，海瑞親為廖文政畫像撰寫贊。

海瑞興國離任時，贈廖勝概日：「**此夜殷勤話知己。明朝帆影帶雲流。**」後再次奉詔入京為神宗（萬曆）堪擇定陵，定陵是目前十三陵中惟一打開地宮可供參觀的皇陵。

廖邦明生平

（三）**廖邦明**，字睿堂，明代三僚風水國師，監生，曾隨父親廖勝概赴京堪擇十三陵之定陵，以風水術聞名遠近，晚年重歸故里，倡議在興國縣城的巽方重建文峰塔，坤方造回瀾閣，並援引古書論證，得到大家的贊同。

遂從其議，在縣城西面造酉山塔，縣城南面造文瀾閣。並為其父廖勝概插建黃龍滾浪形墓，至今仍存。

廖惟志生平

（四）**廖惟志**，字覺生，一名征君。崇禎十六年癸未拔貢，萬曆十二年（1584）廖惟志同曾永章等人奉詔京相看皇陵，授欽天監漏刻博士，世傳楊筠松堪輿術，而惟先尤神解獨諧。坐冤案，太守郎永清為申需之。方修府廳，召之相度，曰：「**甚吉，不日有遷移之事。**」

未幾，以兄子巡撫江西，遂調汾州。又為郎氏先世營造宅兆，經歷塞外，至紅羅山，過吳逆三桂祖塋，極山川環抱之勝，帷先私語同行曰：「**此不臣之心見矣，然覬非其份，白虎銜屍，十年外當覆族。**」

后悉果如其言。明崇禎帝自縊景山后，大順皇帝李自成下詔許百姓將其以帝禮收葬。廖惟志曾與崇楨擇地點穴，但未及動工，崇楨已故，只能擇其寵妃墓合葬，完成明代最後一座帝陵－思陵。

廖紹定生平

（五）**廖紹定**是明代三僚國師，善談命理，所著有《指迷斷訣粹言心法》一書，以易經太極為基礎，闡述風水理論，並把陰陽二氣、五行、八卦等技術融會一體，至今三僚廖氏仍將其著作列為家傳秘本。

曾氏蛇形祠承志堂

我們早上到曾氏祠堂，途經承志堂（蛇形祠），青龍方有七星池環繞蛇形祠，建於明代中後期，由廖炳擇地定向，壬山丙向兼亥巳（雷天大壯䷡），喝名為「金蛇掛樹形」。

後靠橫排大樹群名陰陽樹，其中兩棵古樹香樟，一雌一雄，有620年歷史，祠堂青龍後方有缺口，受風所吹，但已經種植了古樹，補其凹陷位置，遮擋了後方青龍凹風，總算靠山足。

蛇形祠來龍氣脈直來直受，起出一父母星丘，有祠堂三分二之高度，白虎夾耳近方，有人做照壁兩層，遠方是包裹石之山脈，青龍砂略遠，祠堂緊貼父母星之下，當地人稱為「靈蛇吐珠」。

祠堂大門向丙正線（大有䷍），行門左方青龍辰巽界線（兌䷹），右方白虎未兼丁（巽䷸）。

祠堂面前氣口，（第二入口），水口午兼丙（乾䷀）。左青龍行門巽兼辰（履䷉），右白虎行門丁正線（鼎䷱）。圍門丙午界線（夬䷪）。

入祠堂先要穿過小門，再繞過一道彎曲的馬頭牆平土形照壁，向右手（白虎方）穿行一條小巷，才能見到祠堂。這樣的設計，筆者繼大師曾在廣東河源的蘇家圍村祠堂（蘇東坡四子後人移居地）內見過。祠堂門前有一口半月形的水池，本來深約兩米，但現在已見底，非常少水。

蛇形祠左右廂房，其深度不對稱，右寬左窄，廳堂中央，一香爐放在神台上，一個放在地面上，天井兩簷，前高後低，天井之口略為細，日光照不到神台香爐上，要蹲下始看到天井上的日光，設計特殊，是明初廖炳地師的佈局。其道理要風水內行人始能明白，因為當時收天光之煞氣，以天井之窄口，去截除天光煞氣之衝射。

曾氏新楊公祠

曾氏新楊公祠 — 其後我們再往曾氏新建的楊公祠，祠內香火頂盛，是從舊址遷移過來。是由於當年村民終年多外出工作，但生活仍不見好轉，他們認為是舊楊公祠風水的影響，故舊廟搬遷到新的楊公祠。

承志堂

承志堂前朝之三峯

承志堂外觀

承志堂內之天井及水口

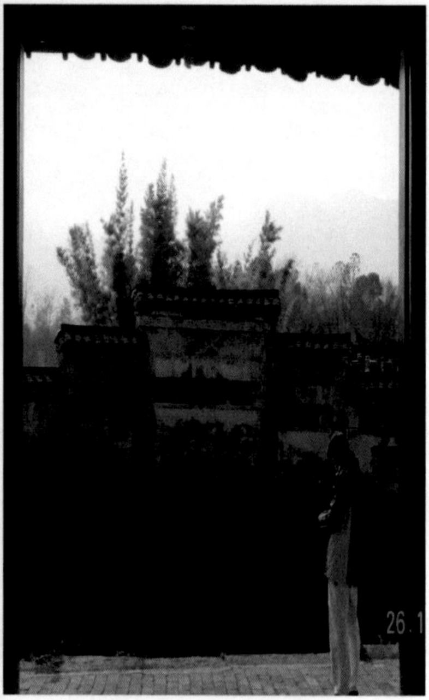

承志堂門前照壁

承志堂後接來龍脈氣

承志堂左後方種大樹補去缺位

承志堂門前半月形池塘及照壁

曾氏蛇形祠承志堂白虎方人做砂手照壁

曾氏蛇形祠承志堂前方照壁後之小路

曾氏楊公祠

曾氏楊公祠前朝

新楊公廟青龍方之興國縣三僚成真小學

新楊公廟白虎方的宗聖流芳建築物

舊楊公祠 白虎砂 山頂之包裹石

舊楊公祠前之半月形池

舊楊公祠門頂上劃有太極圖

舊楊公祠原址

新祠辛山乙向兼戌辰（中孚䷼）面前明堂廣，用石屎鋪成一個大八卦形平地作堂局，朝山有情，貼著後方之處，正在建起新屋，沒有後靠山丘，新祠面積約 150 平方米。

前殿供奉楊筠松和曾文辿金身塑像，後殿供奉曾氏土地福德正神，它們稱為「福主」，門庭石雕雕有九天玄女授書、楊公出遊、看風水、著書及進政等圖。

我們到了新楊公祠，發覺並非筆者繼大師于 24 年前（己巳年）所到之那所楊公祠，問一剛經過此處之一名年老長者引路，尋到楊公祠舊址。

曾氏舊楊公祠 – 曾氏村民所建之原有舊楊公祠（已被原居民所住），乾山來龍，轉入壬、子二山，來龍由西北幛嶺山脈落下，至山腳，生出　星丘，緩平而向東南而去。

主脈星丘生出青龍脈作護砂，白虎有外砂來包裹，夾耳山有突出的包裹石，白虎外砂同由祖山主峰而出，是為「傍祖幛」。

此處是龍脈蜂腰之處，脈再緩短而落，即到一山丘，丘頂種滿高樹，其中有一珠數百年的老樟樹，正正在山丘中央，星丘下結有一穴，是曾氏其中一個祖墳。

曾氏蛾眉穴－墳穴星丘太陰金形，是蛾眉星丘，名「蛾眉穴」，出女貴，穴子山午向兼壬丙（乾䷀上九），後靠大樹群，來龍第一節壬子界（剝䷖），第二節雙山來龍，一六共宗，第三節癸兼丑（益䷩），第四節戌正針（蹇䷦），第五節乾兼亥（否䷋）。

曾氏祖墳蛾眉穴

筆者繼大師最欣賞曾氏蛾眉穴，除出女貴外，更出神童狀元雅士，是明師手筆，巒頭理氣皆精，現今世間難尋。

蛾眉穴前有平托，是初結，托下是另一個高出來的平頂丘，丘下正是楊公祠舊址，更是盡結之陽居結穴，又是子山午向（乾䷀三九），可惜祠之後靠平頂托上，築有一水池，破壞了舊楊公祠的來龍地脈。

峨眉穴之來龍祖山

峨眉穴之父母星丘

峨眉穴墳碑

眼形之峨眉穴

峨眉穴前面明堂已建屋

峨眉穴前朝峰巒

峨眉穴白虎砂

由于常有高幹、風水愛好者及風水師來訪，到此舊楊公祠不便，路途較遠，加上曾氏族人認為舊楊公祠地，令他們子孫窮困，所以另覓地方，現建有很輝煌的新楊公祠，門前有停車場，方便遊人到訪。舊楊公祠現址，女老戶主約82歲，父親為紅軍，當時家境窮困，被分派居於此址，父親國共內戰時陣亡，被共產黨封為烈士，與子孫同住，其男孫生有五子，四代人同住。

屋子大門午兼丙向（乾䷀三九），前有照壁圍牆，牆外有水池，乾水不見，只見巽水。向對乾峰，秀峰處處，有：辰兼巽（歸妹䷵），丙正針（大有䷍）、丙午界線（夬䷪）、丁兼午（大過䷛）、丁正針（鼎䷱）。

廖氏楊公祠

下午我們去廖氏村中之廖氏楊公祠，來龍在脈氣上，近期經過重修，將門樓頂加高，破壞了天光之氣，很可惜！祠前有三層朝案，中間一層橫案，丘頂剝落，已石化而露出，大門子山午向（姤䷫二九），門外左右各有水池，青龍水（泰䷊、歸妹䷵），白虎水（升䷭、井䷯）。

廖氏楊公祠有後靠山丘，丘頂種有高樹，在來龍脈氣之上，位于三僚村御屏峰下，始建于元朝至正年間，內供奉楊公、廖公、華陀、福德正神等神像。祠堂對聯曰：

竹杖精奇萬里山河歸杖下。

青囊元妙一天星斗蘊囊中。

隱含了三僚廖氏開基祖廖金精向楊公拜師學藝的典故。

相傳為南宋狀元宰相文天祥題撰之對聯：

抽爻換象堪移一天星斗。

避凶趨吉真乃萬國神仙。

三間楊公祠之比較，最好的是曾氏舊楊公祠，只需將後方水池抽乾，填上淨土，重新安座，必出風水中之狀元。祠不用大，有地氣則靈，加上乾䷀三九之向度，時運一到，歷史重演。廖氏楊公祠亦很好，只可惜祠內樓門太高，世人著重外表輝煌，雖鑲龍雕鳳，錯收天光煞氣，夫有何用？若然祠內牌樓用正常高度，則平常心是道，子山午向（姤䷫二九）亦不錯也。

廖氏楊公祠

廖氏楊公祠於一九八九年的籤筒及牌位

二〇一三年 楊筠松、廖金精 先師牌位

廖瑀拜楊筠松為師的因緣

廖瑀字伯玉，字金精，三僚村廖氏家族先祖，相傳他曾經入山學道，長居虔化縣翠微峰金精洞，故自號「金精山人」，後人稱他為廖金精，後在虔化遇上楊筠松，並與他比試風水。

廖氏請楊公擇定一個門樓穴位，廖金精預先用羅盤定準了方位，並埋下一枚銅錢作標記，後楊公到來，輕輕用手裏的一根幼竹竿，往地下一插，卻插中地下銅錢中心的方孔，廖金精極為佩服，並拜他為師，後與曾文辿隨楊公到三僚村落腳，得楊公親傳青囊諸經，盡得真傳。

三僚廖屋楊公祠序 —— 廖曉凌撰

繼大師錄

世界風水文化的傳揚和興盛始於中國，中國風水文化的發祥地和光大源于三僚，三僚是風水祖師楊救貧著書立說聚徒傳藝的聖地，三僚廖屋是海內外著名皇家風水師之搖籃。唐朝末年，廖金精奉師命，毅然從虔化遷居三僚，與師兄曾文辿追隨楊公遍訪中華龍脈，得授楊公青囊秘旨真傳，成爲楊公文化第一代傳人，三僚廖氏世挾風水奇術，白衣承詔，代代皆爲朝堂仙客，扶危濟困，世世均受萬民敬仰。

北宋年間，為弘揚楊公文化，傳承楊公精神，培育後世風水傳人，廖氏先祖擇址三僚御屏峯下建造楊公祠，為楊公先師塑造金身，接受四方信衆朝拜。自此，楊公祠靈光庇佑，三僚風水文化興盛千年，人文蔚起，英才輩出，成為代代拜皇都的中國風水文化第一村。

為褒揚先賢，廖屋推選十三位選址明十三陵、故宮和主修長城、黃河等偉大工程的風水國師和三十八位明師入祠配享，以激勵後世傳人，把楊公文化發揚光大。

南宋愛國名臣文天祥，早年朝拜楊公祠，許諾成就功名，必以心血酬楊公之宏願。文天祥中狀元後，重返三僚為廖氏家譜作序，並依據易經八卦原理，為楊公祠編撰六十四簽詩文，文天祥官拜丞相後，仍返三僚，為楊公祠題聯，

抽爻換象堪移一天星門，

趨吉避凶真乃萬國神仙，

在萬祿祠大書一「福」字，感恩之情，堪為萬世師表。

清宮海瑞明嘉靖四十一年出宰興國。與廖屋風水博士名師結為至交，為國師廖文政畫像親筆賦贊，并邀請廖屋國師堪擇與邑風水，築萬松壩培護與城水口，海瑞晋爵入京之際，請贈明師廖廉泉，「此夜殷勤話知己。明朝帆影帶雲流 。」留下三入三條訪廉泉的佳話。

楊公先師的風水奇術，萬年不朽，而楊公祠堂的建築卻在千年風雨中陳舊。歷代廖屋風水傳人，以維修祠堂建築為己任，今廖書鈺攜男煜輝行走堪輿，緣結四方，至廣東引進吳瑞坤、吳柏燚先生，捐巨資重建楊公祠。

在廣泛征求廖氏風水師意見的基礎上，廖屋楊公祠重建工程於公元兩千零七歲次丁亥年二月十六日正式動工，為楊公重造金身，擴建庭坪，鑄造香爐，新雕石獅，石柱、石燈，開闢大道直至祠前。

工程設計劉功值，建築施工王其祥，工程總監廖唐儀，史料統籌胡玉春，祠名對聯書寫廖建堯等人，各司其能，鼎立而為。

時年六月，正值廖均卿國師選址十三陵六百周年紀念之際，北京十三陵特區首席專家胡漢生蒞臨三僚，目睹廖屋楊公祠重建工程日夜進行，褒贊有加，力囑作文以記盛事。

在籌建理事會、建築師、雕刻師、鑄造師及社會各界知名人士的大力支持下，新建楊公祠于本年十月十二日圓滿竣工。

新祠氣勢恢宏，雄偉壯觀，四方前來觀禮瞻仰之信衆，無不肅然起敬，讚嘆盛世壯舉，兆示蘊涵着和諧、平安、發達繁榮的楊公文化前景燦爛輝煌，蜚聲海內外的風水文化聖地——三僚象一顆璀燦的明珠，祥光四射，萬衆矚目。

廖曉凌撰

公元兩千零柒

歲次丁亥年十月吉日

至於曾氏新楊公祠，用作發展旅遊業為主是無妨，若用自家祠廟，則一般，略為世俗化也，蔭出有錢地師可以，但難蔭出明師矣。自古天下之大，山頭各據，廖氏楊公祠不供奉曾公，曾氏楊公祠不供奉廖公，此乃人之常情，若然三位祖師同時供奉在所有楊公祠內，所有三僚村民，則必更獲護佑也。

曾氏虎形墓

在兩姓村交界處有虎形穴，但並非是「騎龍穴」，後靠不高，前方為順水局，有廖玉石地師作我們的導遊，他說現時除左方大房較穩定外，中間二房及右方三房不太好，生活略艱難。

虎形墓前有介紹的石碑，碑文如下：

三僚曾氏虎形墓位于曾廖兩姓交界的陽背楓樹下，是北宋曾氏十八世祖曾玉屏（又名吾道公）**墓，座向為申山寅向兼庚甲**（家人䷤）**點騎龍穴喝虎形，墓碑文曰：「石淳覺春仙榻暖，佳城不夜來燈輝。」相傳楊公曾斷曾氏在三僚「初代錢糧不興大。」因而曾氏遷居三僚初期，十幾代單傳，曾玉屏葬入虎形墓後，丁財驟發，遂為萬丁巨族。此墓寅向，寅為虎，墓形也造虎形，虎頭、虎目、虎爪俱全，呈虎臥狀，與山坡下的犬形祠遙遙相對。是三僚陰宅風水建築的代表。**

青蛙伏水穴

經過廖氏楊公祠後方，與虎形墓之間，有一塊公墳墓地，內有「青蛙伏水穴」，前有人工水池一個，來龍脈氣不足，青龍為下關砂手，亦不夠高，有名無實，只得前方朝山，只二房略佳。

萬方祠及九尾杉

萬方祠 — 廖姓村有「萬方祠」，位于三僚下廖，是廖氏二房萬字派的四個分祠之一，建于清代，申山寅向兼庚甲（家人䷤），門旁對聯：**萬派千支流出清河歸大海。方塘半畝影開明鑒見重天。**

現時之萬方祠已荒廢，沒有修輯，萬方祠及大門向東，是順局，時值向、水失元，村民又未能重修，可惜也，內有三僚廖姓地師及各類典故的介紹。

九尾杉 — 經過廖氏村尾，我們到楊公親手種植的杉木地方，名「九尾杉」，位于三僚村廖屋秤桿形，因曾有九根樹梢而得名。樹齡已逾 1120 年，樹徑圍四米，樹高約八米，千年風雪侵蝕，樹幹下部已如殘月狀。據廖氏家譜記載，為楊筠松祖師親手種植，歷代百姓視為神樹，是三僚村的風水象徵。

三僚村一千二百年之九尾杉

圖左方爲三僚村楊公大飯店

「風水文化第一村、三僚」牌坊

三僚村內山巒

廖均卿墓的傳說

廖均卿墓，位于與三僚村一山之隔的黃嶺村，下山虎形，穴位由廖均卿生前選定。相傳安葬時，靈柩抬至嶺背猛虎下山形附近時，突然天昏地暗，傾盆大雨。大家慌忙四散避雨。風停雨歇一看，棺柩已失，山坡上已經隆起了七個墳堆。內閣首輔金幼孜親題的望碑至今仍存。

廉泉書舍位于三僚上廖龍鳳祠一側，是三僚村風水國師廖均卿、廖文政讀書的書房，廖均卿向永樂皇帝辭官返鄉時，永樂皇帝賜其還鄉建造 個書閣，並賜匾「誥賜褒榮」大學士解亦為之題堂匾「寶堂」，後永樂皇帝將廖均卿追回，終老于北京。

廖信厚還鄉後，才奉旨建造，坐壬丙兼子午（大有䷍向），天井水出庚口（坎䷜），門樓巽方（泰䷊），開卯（臨䷒）門，並定為「廉泉書舍」。廖信厚之子廖文政（廖均卿之孫），於明嘉靖 15 年（公元 1536 年）被奉詔進北京堪察皇城，時嘉靖皇帝親自帶他察看紫禁城內的風水，並很欣賞廖文政的風水學問，即時加封他為「員外郎中主事」。

廖文政墓位于梅窖鎮店山村老爺山眠犬形，與三僚村一山之隔。墓藏在一個小山窩內，整個地形象一只臥地狗，故名眠犬形。墓在犬形的腹部。明代隆慶四年建墓，廖文政親自擇址，清代康熙55年和同治六年重修（公元一八六七年丁卯年），乾山巽向（泰䷊）。橫樑上書「**太史世家**」。碑文曰：**明敕授欽天監承旨郎廖考東山公太妣張氏婆妣鐘氏何氏婆之墓。**

在萬方祠內有介紹三僚村的典故事蹟如下：

包裹石位於三僚村御屏峰山坡，即陽背北坡之上，狀如包裹，長寬約3米，高約2米，整塊巨石在山崖邊，巨石底部架空懸起，形狀渾圓如古人出門，遠行隨身攜帶的布包裹。當年楊救貧斷三僚村地形時說：「**前有羅經吸石**。（指羅經石獨立石峯。）**後有包裹隨身**」。（即指這塊**巨石**）。」世居此地者，子孫世代持羅盤背包裹去給人家看風水，三僚村世代風水名師迭出，應了楊公的預言。

猛虎跳牆形——曾廖姓陽背的廖伯淵婆太墓，叫「猛虎跳牆形」。墓壬山丙向正針（大有䷍），共有十一塊墓碑，墓過罡刻有「**屏山水帶。秀挹清環。**」橫聯，另有兩幅柱聯：「**位妥仍昭穆。神安福子孫。德澤綿長光日月。靈機變化會風雲。**」

羅盤山

包裹石

萬方祠

政府新建之公路，因風水關係，村民沒有使用。

羅盤山上所見之三僚村景貌

主碑碑文：祖妣生歿藏內葬本處陽坳上虎形正針壬山丙向縫針丁亥丁巳分金（大有䷍）。

狗形祠 — 屬於曾氏三房，即衍慶堂，整個設計象一隻側臥的靈犬，只有一進，即只有一個明堂（明堂即屋子前的平地，）高約三米，中間有個不對稱的大門口，佔了屋子長度約三分之二，以喻狗口，兩邊有窗戶，比喻狗鼻，左側開有小門，比喻狗耳朵。

繼大師註：甲山庚向兼卯酉（坎䷜）。雖然是逆局，但屋子後方無靠，雖然得財，但恐怕在失元時壽元不高，因天柱高而壽彭祖，天柱即穴後之靠山。

三僚村新牌樓 — 我們旅遊車通過三僚村的新牌樓，頂上有太極圖，橫匾書上：「**風水文化第一村、三僚**」，為車輛出入口之大門，他們見前方有橫嶺，嶺上有小小尖峰，於是用門樓收之，出入口向度為乙兼卯向（節䷻及損䷨界線）殊不知是空亡線度，貪峰失向，一到失元，有男不婚，女不嫁之象，孤寡之線度，幸好當地村民車子不經過該牌樓，由側旁拐過入村。

羅盤山——最後我們爬上羅盤山，山上有眾多石塊，高約八十米，是三僚村的水口砂，楊公曾經說過，一個三閉一空的垣局，若有北辰（即水口處的大石山）鎮水口，垣局內若有結穴之地，定出朝廷之官員。

故有此多石塊的羅盤山鎮守三僚村的水口，以風水學問去當京官，自然會出國師或欽天監之應，而廖氏舊楊公祠、曾氏楊公祠及曾氏結穴祖墳又是子山午向，乾峰出狀元的格局，自然蔭出風水狀元，而不是羅盤山像羅盤，有時風水故事的傳說過于神異，把原來風水的學理淹沒。

曾平安導遊説，風水師出入坐名車，戴名錶，有客人租用直升機載他看風水，派頭超級豪華，只要有人相信他，自然名成利就，客人奉他們如神明一般，這樣就是成功的風水大師。

筆者認為，若是真材實料，這是理所當然的事，相反地，就如騙子。回想楊公常言：

「既得至道。不敢炫耀於世。故披褐懷玉。抱道無言。」

怎會那麼輕易地將真正的風水學問炫耀於世上呢！一定是有大福份的人，始能遇到明師來指點風水。

楊公官至金紫光祿大夫，因盜取宮廷秘籍被朝廷追捕，為盧王開贛州城立風水局，並為他父母卜天子墓穴，結果招來殺身之禍。廖禹得風水術遊藝廿二年，而為張明叔點穴，以致兩子一女俱亡，都是因得了風水至道而所招致的惡果。所謂：

「福禍所以。禍福所依。」

作為一個得至道的風水明師，若不適當處理風水行道之事，後果可不堪設想，這就是風水師的命運了。

《本篇完》

（十三）三僚村遊後感

繼大師

三僚村是風水文化的聖地，留下了不易被人遺忘的風水事蹟，國師、欽天監博士及明師輩出，一千一百多年後的今天，三僚村的風水傳承，有了很大的改變。筆者繼大師於第二次到三僚村考察後，感觸良多；那裏從事改名、算命及風水的人不少，亦有羅盤出售，部份村中的風水師，很多被中國各地的客人所聘用，營造陰陽二宅風水。

筆者繼大師曾與其中約於七零年代出生的廖姓風水師交談，他們一代一代地將風水學問傳與下一代子孫，以續傳承，他們多以風水為業。廖姓地師說，他與客人修造陽宅風水，在完成後，客人自家會發旺，但有些隔鄰或對面的居民會發生凶險，這就表示他做得一門好風水。

而我們的導遊張先生說，你們與他們不同，他們好像是給人家鬥風水一樣，你們是造好一門好風水。筆者繼大師說，他們可能受到曾氏村落築建下關砂事件的影響，在葬完明朝永樂皇帝的太監黃榜在人工下關砂後，隔鄰村落立見凶敗。這事件是因為曾氏村落堆土築建的下關砂，就是隔鄰村落的上手砂，生氣被截去，上手砂就成為送水砂，砂去水走，當然是人財兩空。但無論陰宅或陽居，我們造作風水，主要是利益人，怎能將人家的痛苦建築在自己的快樂上呢！有損陰德。

現在的三僚村以發展風水旅遊業為主，二〇一三年期間，有很多馬來西亞人到三僚村學習風水，這裏有楊公、曾公大酒店，有食有住，又提供風水導師，消費力旺盛，大大地增加當地的旅遊收入。

在大陸解放其間（1949年），大量的風水明師（包括三僚村內的廖姓及曾姓的風水師）隨國民黨遷徙到臺灣，有些在輪候遷徙其間在香港暫居，有國民黨精於地理的李瑞金師長、劉老地師（劉江東、劉若谷、劉之春、劉品珍地師後人。）及三僚村廖弼民地師等人，都曾到恩師 呂師的牛潭尾住所暫住，他們甚至成為風水的知音者，亦師亦友。

李瑞金師長（風水明師）曾住了三年，然後移居台灣，廖弼民地師後於一九七五年亦移居臺灣。恩師 呂氏與筆者曾於 1989 年十月十七日在三僚與廖弼民的姪兒地師家中交談了超過一小時，各人交流融洽。

楊公風水的傳承，遍佈東南亞以致全球，但真正得真傳的，又有幾人呢！迷於世俗金錢名利的風水師，多失去得真傳的機會；若得真傳者，既不炫耀，也不慕名利，一切隨遇而安。

一得必有一失，很難兩全其美，況且風水的背後，多涉及因緣果報，眾生的業力，又怎能用風水來承擔呢！所謂：「**神通難敵業力。**」

何況是風水呢！讀者以為然否？

繼大師書於香港明性洞天

甲午仲春吉日　壬寅仲秋重修

後記

繼大師

大地之大，風水之多，不可勝數，寫也寫不完，繼**《大地風水遊踪》**之後，將會出版**《大地風水神異》**、**《大地風水傳奇》**，其系列相同，但故事及內容不一樣。

筆者繼大師著作可分多種：

（一）擇日系列，由初階至心法、紫白飛星。

（二）陰陽二宅風水之龍、穴、砂、水、向等學理，如《龍法精義》、《砂法精義》等。

（三）風水祖師的傳記歷史，如《風水祖師蔣大鴻史傳》。

（四）大陽宅垣局的分析，如《大陽宅風水秘典》、《大都會風水秘典》。

（五）陽宅之龍穴分析，如中國、香港、東南亞等廟宇風水的分析。

（六）風水古籍註解，如《三元地理辨惑白話真解》、《元空真秘》、《地理辨正疏》、《地理辨正精華錄》。這些都是三元元空大卦的理氣範圍，非常寶貴。在古籍巒頭方面，有《千金賦圖文解説》、《雪心賦圖文解義》（全四冊）、《葬書》、《管輅指蒙》、《青烏經》、《風水口義》……等。

這廿多年來的著作，嘔心瀝血，費盡心思，祈望所有風水書籍能夠順利出版，盡快與各讀者見面。

繼大師寫於香港明性洞天

丙申年仲冬吉日　壬寅仲秋重修

《全書完》

榮光園有限公司出版　繼大師著作目錄：

正五行擇日系列

一《正五行擇日精義初階》　二《正五行擇日精義中階》

風水巒頭系列

三《龍法精義初階》　四《龍法精義高階》

正五行擇日系列

五《正五行擇日精義進階》　六《正五行擇日秘法心要》

七《紫白精義全書初階》　八《紫白精義全書高階》附《紫白原本錄要》及八宅詳解

九《正五行擇日精義高階》（附日課精解）　十《擇日風水問答錄》

風水巒頭系列 — 十一《砂法精義一》　十二《砂法精義二》

擇日風水系列 — 十三《擇日風水尅應》　十四《風水謬論辨正》

風水古籍註解系列

十五《三元地理辨惑》馬泰青著　繼大師標點校對

十六《三元地理辨惑白話真解》馬泰青著　繼大師意譯及註解

風水巒頭系列

十七《大都會風水秘典》　十八《大陽居風水秘典》

三元卦理系列

十九《元空真祕》原著及註解上下冊（全套共三冊）劉仙舫著　繼大師註解

風水祖師史傳系列 ── 二十《風水祖師蔣大鴻史傳》

三元易盤卦理系列

廿一《地理辨正疏》黃石公傳　赤松子述義　楊筠松著　曾求己著　蔣大鴻註及傳　姜垚註　張心言疏　繼大師註解（全套共上下兩冊）

廿二《地理辨正精華錄》

大地遊踪系列 ── 廿三《大地風水遊踪》

大地遊踪系列——廿四《大地風水神異》

未出版：

大地遊踪系列

廿五《大地風水傳奇》　廿六《三元地理命卦精解》　廿七《風水祕義》

廿八《風水靈穴釋義》　廿九《大地墳穴風水》

三十《香港風水穴地》　卅一《廟宇風水傳奇》　卅二《香港廟宇風水》

卅三《港澳廟宇風水》　卅四《中國廟宇風水》

風水古籍註解系列——繼大師註解

卅五《青烏經暨風水口義釋義註譯》　卅六《管號詩括暨葬書釋義註解》

卅七《管氏指蒙雜錄釋義註解》　卅八《千金賦說文圖解》

卅九《雪心賦圖文解義》（全四冊）

作者簡介

作者簡介——出生於香港的繼大師，年青時熱愛於宗教、五術及音樂藝術，一九八七至一九九六年間，隨呂克明先生學習三元陰陽二宅風水及正五行擇日等學問，於八九年拜師入其門下。

榮光園有限公司簡介

榮光園有限公司，為香港出版五術書籍的出版社，以發揚中華五術為宗旨，首以風水學為主，次為擇日學，再為占卜學。

風水學以三元易卦風水為主，以楊筠松、蔣大鴻、張心言等風水明師為理氣之宗，以巒頭（形勢）為用。占卜以文王卦為主，擇日以楊筠松祖師的正五行造命擇日法為主。

為闡明中國風水學問，筆者使用中國畫的技法畫出山巒，以表達風水上之龍、穴、砂及水的結構，以國畫形式繪劃，並插圖在書上，加以註解，令內容更加詳盡。亦將會出版中國經典風水古籍，重新註解及演繹其神韻。

日後榮光園若有新的發展構思，定當向各讀者介紹。

出版社：榮光園有限公司 Wing Kwong Yuen Limited
香港新界葵涌大連排道 35 － 41 號，金基工業大廈 12 字樓 D 室
Flat D, 12/F, Gold King Industrial Bldg. , 35-41 Tai Lin Pai Rd, Kwai Chung, N.T., Hong Kong
電話：(852) 6850 1109
電郵：wingkwongyuen@gmail.com
發行：聯合新零售(香港)有限公司 SUP RETAIL (HONG KONG) LIMITED
地址：香港新界荃灣德士古道 220〜248 號荃灣工業中心 16 樓
16/F, Tsuen Wan Industrial Centre, 220-248 Texaco Road, Tsuen Wan, NT, Hong Kong
電話：(852) 2150 2100　　電郵：info@suplogistics.com.hk

印刷：榮光園有限公司 Wing Kwong Yuen Limited
作者：繼大師　　電郵：masterskaitai@gmail.com　　版次：2022 年六月　第一次版
網誌：kaitaimasters.blogspot.hk

榮光園有限公司簡介

榮光園有限公司，為香港出版五術書籍的出版社，以發揚中華五術為宗旨，首以風水學為主，次為擇日學，再為占卜學。

風水學以三元易卦風水為主，以楊筠松、蔣大鴻、張心言等風水明師為理氣之宗，以巒頭（形勢）為用。占卜以文王卦為主，擇日以楊筠松祖師的正五行造命擇日法為主。

為闡明中國風水學問，筆者使用中國畫的技法畫出山巒，以表達風水上之龍、穴、砂及水的結構，以國畫形式繪劃，並插圖在書上，加以註解，令內容更加詳盡。亦將會出版中國經典風水古籍，重新註解及演繹其神韻。

日後榮光園若有新的發展構思，定當向各讀者介紹。

校對者簡介

出生於香港的繼大師，年青時熱愛於宗教、五術及音樂藝術，一九八七至一九九六年間，隨呂克明先生學習三元陰陽二宅風水及正五行擇日等學問，於八九年拜師入其門下。

《大地風水遊踪》 繼大師著

出版社：榮光園有限公司 Wing Kwong Yuen Limited
香港新界葵涌大連排道35 - 41號, 金基工業大厦12字樓D室
Flat D, 12/F, Gold King Industrial Bldg. , 35-41 Tai Lin Pai Rd, Kwai Chung, N.T., Hong Kong
電話：(852) 6850 1109
電郵：wingkwongyuen@gmail.com
發行：聯合新零售(香港)有限公司 SUP RETAIL (HONG KONG) LIMITED
地址：香港新界荃灣德士古道220～248號荃灣工業中心16樓
16/F, Tsuen Wan Industrial Centre, 220-248 Texaco Road, Tsuen Wan, NT, Hong Kong
電話：(852) 2150 2100
電郵：info@suplogistics.com.hk
印刷：榮光園有限公司 Wing Kwong Yuen Limited
作者：繼大師
繼大師電郵：masterskaitai@gmail.com
繼大師網誌：kaitaimasters.blogspot.hk
《大地風水遊踪》 繼大師著
定價：HK$ 250 -
版次：2022年10月 第一次版

ISBN 978-988-76145-5-5